VOUS ET VOTRE
BOXER

Couverture

- Conception graphique:
  DANIEL JALBERT
- Illustration:
  ANNIK LAFRENIÈRE
- Photos:
  BERNARD PETIT
  Le Boxer se nomme GIGOLO et vient de l'élevage FARENY'S appartenant à Muriel et Philippe OUIMET.

Maquette intérieure

- Conception graphique:
  ANDRÉ LALIBERTÉ
- Photos:
  FRANÇOIS LABERGE
  Les Boxers appartiennent à Muriel et Philippe OUIMET et proviennent de l'élevage FARENY'S.

DISTRIBUTEURS EXCLUSIFS:

- Pour le Canada et les États-Unis:
  LES MESSAGERIES ADP*
  955, rue Amherst, Montréal H2L 3K4
  Tél.: (514) 523-1182
  Télécopieur: (514) 521-4434
  * Filiale de Sogides Ltée

- Pour la Belgique et le Luxembourg:
  PRESSES DE BELGIQUE
  96, rue Gray, 1040 Bruxelles
  Tél.: (32-2) 640-5881
  Télécopieur: (32-2) 647-0237

- Pour la Suisse:
  TRANSAT S.A.
  Route du Grand-Lancy, 2, C.P. 125, 1211 Genève 26
  Tél.: (41-22) 42-77-40
  Télécopieur: (41-22) 43-46-46

- Pour la France et les autres pays:
  INTER FORUM
  13, rue de la Glacière, 75624 Paris Cédex 13
  Tél.: (33.1) 43.37.11.80
  Télécopieur: (33.1) 43.31.88.15
  Télex: 250055 Forum Paris

VOUS ET VOTRE BOXER

SYLVAIN HERRIOT

Collection "Nos animaux"
dirigée par
Odette Eylat

LES ÉDITIONS DE L'HOMME*

CANADA: 955, rue Amherst, Montréal H2L 3K4

*Division de Sogides Ltée

Données de catalogage avant publication (Canada)

Herriot, Sylvain

Vous et votre boxer

(Collection Nos animaux)

2-7619-0543-1

1. Boxers (Race canine). I. Titre. II. Collection.

SF429.B75H47 1985 636.7'3 C86-096021-8

Bibliothèque nationale du Québec
Dépôt légal — 4e trimestre 1985

ISBN 2-7619-0543-1

À Monique Neu

La carte d’identité

Le Boxer est un chien qui avertit avant de réagir; il garde toujours le contrôle de la situation et ne perd pas la tête.

Ses origines

La légende

Un éleveur canadien confia un jour à un autre éleveur, madame Murielle Ouimet, cette légende: Dieu, ayant terminé la création du monde, voulut créer pour son propre plaisir un être qui deviendrait son fidèle compagnon. Après avoir médité un certain temps, il donna à sa nouvelle créature son propre nom mais inversé, ainsi *God* (Dieu en anglais) devint-il *Dog* (chien en anglais). Il donna à cette créature plusieurs formes: des chiens à longs museaux, à oreilles plus ou moins pointues, au poil plus ou moins long et plus ou moins soyeux. Et puis, un jour, il eut l'idée de créer un chien qui serait encore plus beau que les autres. Il prit de la terre glaise, en fit une masse qu'il déposa sur un établi et lui donna une forme des plus parfaites. Fatigué par son effort de concentration, il quitta son atelier de création pour aller se reposer quelques instants. Pendant ce temps, les autres chiens, jaloux de la beauté des formes du nouveau créé, décidèrent de se venger. Ils sautèrent sur l'établi, poussèrent, tirèrent cette immense et merveilleuse créature jusqu'à ce que... patatras, elle tombe à terre sur le nez. Hélas, la terre glaise n'était pas encore parfaitement sèche, et le choc aplatit le museau du chien. Dieu, entendant du vacarme, fit irruption dans l'atelier. Les chiens, tout penauds, ne savaient plus où se mettre et, la queue entre les jambes, ils se traînèrent dans un coin de la pièce. Dieu releva la créature qui gisait au sol, la face aplatie, la jucha de nouveau sur l'établi, la contempla avec émotion et, se tournant vers les autres chiens qui tremblaient de peur devant la colère divine, il leur tint ce langage: "Seul son museau a souffert de votre vilaine jalousie; et bien, pour vous rappeler votre geste, il restera ainsi, son visage déformé vous effraiera tout au long des temps, mais sa forme harmonieuse entre toutes abritera un coeur doux, bon et joyeux, et je déclare solennellement: je le désigne pour être mon compagnon préféré, mon fidèle compagnon." Ainsi naquit le Boxer...

La réalité historique

La réalité historique est beaucoup plus prosaïque. Les ancêtres du Boxer, le Barenbeiszer et le Bullenbeiszer, sont allemands. Ils furent dressés pour la chasse aux sangliers et aux ours. On les utilisa ensuite comme gardiens de troupeaux. Il est généralement admis que ces chiens sont les descendants de molosses assyriens que l'on retrouve sur des bas-reliefs en train de chasser des lions et d'autres animaux. Ils auraient été amenés en Europe par les Phéniciens. Une autre théorie veut que ces bêtes soient purement originaires d'Europe.

Quoi qu'il en soit, c'est vers 1850 que des éleveurs allemands décidèrent de croiser le Bullenbeiszer avec le Bulldog. Ils parvinrent, grâce à des sélections extrêmement sévères, à créer une toute nouvelle race de chien que l'on nomma le Boxer. Ce n'est pourtant que vers 1900 qu'il fut reconnu par la *Fédération canine allemande*, et son standard fut définitivement établi en 1905.

Le Boxer est un des chiens les plus joueurs et il continuera à vouloir s'amuser avec vous même lorsqu'il aura atteint un âge avancé.

Les traits de caractère

Vous n'aurez que des joies si vous décidez d'avoir un Boxer. Ses principales caractéristiques sont son intelligence et sa bonté. Il est d'une fidélité absolue à son maître. Il est très sociable, et vos amis, après que vous les lui aurez présentés, seront les siens. Il s'adapte à toutes les situations, et cela grâce à sa grande intelligence: il suffit de lui expliquer une fois pour qu'il comprenne ce que l'on veut de lui.

Le Boxer est un des chiens les plus joueurs; même lorsqu'il aura atteint un âge avancé, il continuera à vouloir jouer avec vous. Si vous avez un tempérament sportif, vous en ferez un chien doublement heureux, car, en plus de jouer avec vous, il pourra vous accompagner dans de longues marches afin de satisfaire son besoin de se dépenser.

Le Boxer est gai, bon garçon, gentil et patient. Il est le compagnon idéal pour des enfants sociables. Il est fidèle à son maître et à sa famille qu'il considère comme la sienne; un éloignement trop prolongé le fera souffrir. Si vous l'avez dressé convenablement, il deviendra un excellent chien de garde. Il est mentalement bien équilibré et saura défendre son maître, sa famille et ses propriétés avec beaucoup de courage. Le Boxer est un chien qui prévient, qui avertit avant de réagir; il garde toujours le contrôle de la situation et ne perd pas la tête. Ce n'est pas un chien agressif bien que sa tête puisse effrayer et faire croire le contraire; remarquez sa queue: si elle bouge en signe de bienvenue, tant mieux, mais si elle ne bouge pas, attention!

Le Boxer est désavantagé par son physique, et on lui reproche souvent de baver continuellement. Il s'agit là d'une fausse accusation: son visage étant ridé, sa salive suit les plis du visage et tombe par terre. Il ne salive que quand on lui propose de la nourriture: vous éliminerez facilement cette propension à saliver en ne lui offrant pas de nourriture entre les repas.

De nos jours, on a de plus en plus tendance à faire du Boxer un chien de compagnie. Mais n'oubliez pas qu'il a besoin de se dépenser physiquement et que la vie sédentaire ne lui convient pas.

Un Boxer vit environ dix ans, mais si vous vous en occupez consciencieusement, il pourra vivre plus longtemps.

En résumé, le Boxer est un excellent chien de protection ainsi que de compagnie. C'est un chien robuste et actif dont vous tirerez de grandes satisfactions et dont vous serez fier. Et n'oubliez pas que le Boxer sera influencé par le caractère de son maître: un maître gai aura un Boxer gai, un maître morose aura un Boxer morose. D'autre part, il peut développer certains défauts s'il est mal dressé. Suivez attentivement les leçons de dressage et conformez-vous aux instructions qui vous y sont données. Vous éviterez ainsi des surprises désagréables.

Le Boxer est robuste, solide et musclé. Ses mouvements sont vifs et pleins de noblesse.

Les standards du Boxer

Le corps

Le Boxer est un chien de taille moyenne, à poil ras et lisse. Il est robuste et solide. Il a un corps musclé, sans graisse. Sa structure est courte et carrée, soutenue par une ossature solide. Ses mouvements sont vifs et pleins de noblesse.

Le poids

Le poids du boxer mâle est d'environ 30 kilos (65 livres); celui de la femelle d'environ 25 kilos (55 livres).

La taille

La taille du Boxer mâle varie entre 57 et 63 centimètres (22 et 25 pouces), mais sa taille idéale est de 60 centimètres (23,5 pouces). La taille de la femelle oscille entre 53 et 59 centimètres (21 et 23 pouces) avec une taille idéale de 56 centimètres (22 pouces).

La tête

La tête du Boxer constitue sa principale caractéristique physique. Elle doit être bien proportionnée par rapport au corps et ne doit être ni trop légère ni trop lourde. Elle doit être aussi carrée que possible tout en gardant une certaine finesse. Les joues ne doivent pas être saillantes mais sèches, sans rides sauf lorsque l'animal dresse les oreilles. Le stop est très accusé, et le crâne un peu bombé. Le masque est foncé et se limite au museau qui est bien développé: il doit bien se détacher de la couleur de la tête pour que le chien n'ait pas une expression attristée. Les mâchoires sont larges et fortes. Les babines sont noires et épaisses. La truffe doit être large et noire.

Les yeux

Les yeux sont brun foncé. Ils ne doivent être ni saillants, ni enfoncés, ni trop petits. Le Boxer doit avoir un regard franc et intelligent et non pas triste ou menaçant. Le contour de l'oeil doit être plus foncé.

Les oreilles

Les oreilles sont taillées en pointe et placées haut sur la tête; elles doivent être légèrement allongées et portées verticalement.

Le cou

Le cou doit être rond, ni trop court ni trop gros, et assez long. L'attache de la nuque est marquée nettement. Le cou se prolonge jusqu'au dos en une courbe gracieuse.

La queue

La queue est attachée haut, portée dressée. Elle doit être coupée.

Les membres

Les membres postérieurs sont droits; les membres antérieurs sont droits et parallèles. Les cuisses sont arrondies et larges.

Les pieds

Les pieds sont petits et fermés, dit "pieds de chat". Les soles sont dures et noires.

Le poil (la robe)

Le poil du Boxer est brillant, court et dur. Il adhère étroitement au corps. Il est fauve ou tigré. Le Boxer fauve se présente sous diverses teintes, allant du rouge foncé au jaune clair; les plus belles couleurs sont les intermédiaires comme le rouge jaunâtre. Le Boxer tigré a des raies transversales foncées ou noires qui descendent vers les côtes et qui se distinguent parfaitement sur la couleur de fond.

Ses défauts

Si vous décidez d'avoir un Boxer, que ce soit pour en faire un chien de garde ou un chien de compagnie, veillez à choisir un chiot dont les standards soient conformes à ceux de sa race et qui soit en bonne santé: vous vous éviterez ainsi d'inutiles déceptions.

Vérifiez ses oreilles et ses yeux afin de vous assurer qu'ils ne présentent pas d'écoulement suspect. Son corps doit être solide et bien musclé. Son pelage doit être tout à fait propre: soulevez ses poils pour vérifier si sa peau est totalement dépourvue de parasites et de squames.

Ne choisissez pas un Boxer qui manque de noblesse d'expression ou qui a le visage sombre. Selon les critères de sa race, ses dents ne doivent pas être apparentes et sa langue pendante quand son museau est fermé. Ses yeux doivent être clairs et la conjonctive, visible. Il ne doit pas avoir un dos exagérément creusé au niveau des reins. Sa queue ne doit pas être attachée bas et sa croupe étroite. Il ne faut pas qu'il ait des "pieds de lièvre". Sa robe ne doit être ni blanche ni noire, et s'il a des taches blanches, elles ne doivent pas recouvrir plus du tiers de la robe. Certains Boxers sont méchants, trompeurs, d'autres manquent d'assurance et de tempérament. N'hésitez pas à demander l'avis d'un spécialiste lors de l'achat d'un Boxer.

La Fédération cynologique internationale (14, rue Léopold-II 6530 Thuin, Belgique) regroupant les sociétés nationales canines de la plupart des pays européens a établi une classification des races de chiens afin de faciliter l'organisation des expositions et des concours.

Cette classification comporte dix groupes, et le Boxer appartient au deuxième groupe, celui des chiens de garde et de protection.

En voici, d'ailleurs, la liste:

1er groupe:	chiens de berger
2e groupe:	chiens de garde, de protection et de trait
3e groupe:	terriers
4e groupe:	teckels
5e groupe:	chiens courants pour gros gibier
6e groupe:	chiens courants pour petit gibier
7e groupe:	chiens de chasse (sauf ceux de race britannique)
8e groupe:	chiens de race britannique
9e groupe:	chiens d'agrément ou de compagnie
10e groupe:	lévriers

Le 2e groupe, les chiens de garde, de protection et de trait, auquel appartient le Boxer, est composé des chiens suivants:

1. Chiens de garde et de protection

    Rottweiller
    Hovawart
    Doberman
    Boxer
    Schnauzer géant
    Dogue allemand
    Dogue de Bordeaux
    Mastiff
    Bull Mastiff
    Bulldog
    Schnauzer moyen

Pinscher moyen
Montagne des Pyrénées
Saint-Bernard
Terre-Neuve
Landseer
Leonberg

2. Chiens de trait

Samoyède
Esquimau (chien groenlandais)
Alaskan Malamute
Siberian Husky
Finnish Spitz
Spitz-Loup (ex-Keeshond)
Grand Spitz (Grosspitz)
Elkhound
Akita Inu
Bouvier suisse

Le système de classification américain, présenté par l'***American Kennel Club***, est accepté par les États-Unis, le Canada, le Mexique et tout le continent sud-américain. La classification est divisée en six groupes:

Les chiens de chasse
Les chiens courants
Les terriers
Les chiens de travail
Les chiens d'agrément
Les chiens miniatures

Notre Boxer appartient au groupe des chiens de travail:

Akita
Berger allemand

Berger anglais
Berger belge
Berger des Pyrénées
Bernois
Bouvier des Flandres
Boxer
Briard
Bull Mastiff
Cardigan Welsh Corgi
Collie
Collie à poil court
Danois
Doberman-Pinscher
Husky
Komondor
Kuvatz
Malamute d'Alaska
Malinois belge
Mastiff
Pembroke Welsh Corgi
Puli (Berger hongrois)
Rottweiller
Saint-Bernard
Samoyède
Schnauzer
Schnauzer géant
Shetland Sheepdog
Terre-Neuve
Tervueren belge

La bonne réponse

Il est nécessaire de faire comprendre à votre chien le lien qui existe entre l'ordre donné et l'exécution de l'exercice.

Sa nourriture

Votre Boxer, comme d'ailleurs tous les autres chiens, mange de tout. En fait, on peut comparer le Boxer à l'homme: il peut se contenter d'aliments en conserve ou de nourriture sèche, mais, tout comme l'homme, il préfère un régime alimentaire plus varié et plus soigné. Si vous le faites jeûner de temps à autre, cela ne peut que lui être bénéfique.

Si à l'origine le chien était carnivore, sa domestication l'a rendu omnivore, c'est-à-dire qu'il peut maintenant manger de tout: aussi bien de la viande que n'importe quels autres aliments. Il doit avoir un régime alimentaire équilibré en tenant compte de son âge, de son état de santé, de sa condition (gestation, lactation, etc.), de ses activités et des conditions climatiques.

Jusqu'au 22e jour environ, les chiots sont nourris exclusivement par la chienne. Ensuite vous devez leur donner un peu de lait en supplément.

À six semaines, commencez à leur donner des bouillies à base de pain ou de viande hachée et, selon l'avis de votre vétérinaire, des vitamines. Cela ne signifie pas qu'on doive interrompre l'allaitement maternel qui demeure, à cet âge, la principale source d'alimentation. Sachez qu'une chienne de grande taille produit de 60 à 100 litres (63 à 105 pintes) de lait en six semaines.

Le sevrage commence à deux mois. Le chiot doit s'habituer progressivement à une nourriture plus solide; donnez-lui:

1. Le matin, un peu de lait, 5 millilitres (1 cuillerée à thé) d'huile de foie de morue phosphorée (après avoir demandé l'avis de votre vétérinaire).
2. Au dîner, 60 grammes (1/4 de tasse) de viande hachée crue, de préférence de boeuf maigre: faites des petites boulettes que vous donnerez au chiot l'une après l'autre.
3. Dans l'après-midi, un peu de lait mélangé à 5 millilitres (1 cuillerée à thé) de lactose.
4. Au souper, 50 grammes (un peu moins de 1/4 de tasse) de viande hachée crue, un biscuit pour chien et un peu de verdure remplacée à l'occasion par du riz.
5. Avant son coucher un peu de lait tiède, s'il en montre l'envie.

À trois mois:

1. Le matin, du pain grillé et des biscuits en plus grande quantité et 225 millilitres (1 tasse) de lait enrichi de lactose.
2. Au dîner, 80 grammes (1/3 de tasse) de boeuf haché cru et 5 millilitres (2 cuillerées à thé) d'huile de foie de morue (sur avis de votre vétérinaire).

3. Dans l'après-midi, 80 grammes (1/3 de tasse) de boeuf haché cru, du pain grillé ou des biscuits ainsi que 30 millilitres (2 cuillerées à soupe) de riz bouilli ou de légumes cuits.

À quatre mois:

1. Le matin, 225 millilitres (1 tasse) de lait enrichi de lactose, plusieurs tranches de pain grillé ou des biscuits et 5 millilitres (1 cuillerée à thé) d'huile de foie de morue (sur avis de votre vétérinaire).
2. Au dîner, 80 grammes (1/3 de tasse) de boeuf haché cru ainsi que quelques cuillerées à soupe (cuillerées à table) de riz ou de légumes cuits et trois tranches de pain grillé.
3. Dans l'après-midi, 80 grammes (1/3 de tasse) de boeuf haché cru.
4. Au souper, 225 millilitres (1 tasse) de lait enrichi de lactose et 15 millilitres (1 cuillerée à table) d'huile de foie de morue (sur avis de votre vétérinaire).

À cinq mois:

1. Le matin, 225 millilitres (1 tasse) de lait enrichi de lactose, plusieurs tranches de pain grillé ou des biscuits pour chien et 5 millilitres (1 cuillerée à thé) d'huile de foie de morue (sur avis de votre vétérinaire).
2. Au dîner, environ 80 grammes (1/3 de tasse) de boeuf haché cru.

3. L'après-midi, environ 160 grammes (2/3 de tasse) de boeuf haché cru, du pain grillé ou des biscuits pour chien et une petite louche de légumes cuits ou de riz.
4. Au souper, 225 millilitres (1 tasse) de lait enrichi de lactose et 15 millilitres (2 cuillerées à table) d'huile de foie de morue (sur avis de votre vétérinaire).

À six mois:

1. Le matin, 1/2 litre (2 1/2 tasses) de lait, trois à quatre tranches de pain grillé ou des biscuits pour chien et, si vous arrivez à le convaincre, un oeuf cru.
2. Au dîner, 250 grammes (1 tasse) de boeuf haché cru ainsi qu'un peu de foie cru.
3. Au souper, 250 grammes (1 tasse) de boeuf haché cru (que vous pouvez mélanger à du cheval), une louche de légumes verts cuits ou de riz, de blé, d'avoine, d'orge cuit et 15 millilitres (1 cuillerée à table) d'huile de foie de morue (sur avis de votre vétérinaire).

De sept à onze mois, donnez-lui une alimentation semblable à celle du Boxer adulte mais moins copieuse, en tenant compte de sa musculature et ne continuez à lui donner de l'huile de foie de morue que sur avis de votre vétérinaire. Donnez-lui les quantités suivantes:

1. Le matin, 1/2 litre (2 1/2 tasses) de lait entier, du pain grillé, un oeuf cru et 5 millilitres (1 cuillerée à thé) d'huile de foie de morue (sur avis de votre vétérinaire).

2. Au dîner, 250 grammes (1 tasse) de boeuf haché cru, un peu de foie cru et quelques cartilages pour aider sa mastication.
3. Au souper, 250 grammes (1 tasse) de viande hachée crue et deux louches de légumes cuits ou de riz. Remarquez les légumes que votre Boxer préfère et digère le plus facilement: faites votre choix selon ces critères.

De onze à douze mois, donnez-lui seulement deux repas par jour. Selon ses activités et les conditions climatiques, vous pourrez ne lui donner qu'un seul repas par jour. Pour un régime de deux repas, préparez-lui:

1. Le matin, 1/2 litre (2 1/2 tasses) de lait, un ou deux oeufs crus, deux biscuits pour chien et 5 millilitres (1 cuillerée à thé) d'huile de foie de morue, s'il y a lieu.
2. Au souper, 500 grammes (un peu plus de 1 livre) de viande coupée en morceaux mélangée à environ trois louches de riz, de légumes, d'un peu de céréales et de pommes de terre ou de pâtes, ainsi que quelques tranches de pain.

À l'âge d'un an, votre Boxer sera devenu un chien adulte. Après l'avoir observé pendant un an, vous aurez appris à connaître ses goûts et ses habitudes.

Ne vous inquiétez pas trop quand votre Boxer refuse sa nourriture: il y a peut-être un élément de sa pâtée qui ne lui plaît pas. Essayez de le convaincre de manger ce que vous lui proposez; si, malgré vos efforts, vous n'y parvenez pas, acceptez son choix et prenez ses goûts en considération. Il est également possible que les goûts de votre compagnon changent; là aussi il vous faudra vous incliner et trouver, en tâtonnant, ses nouvelles inclinaisons alimentaires...

Certains aliments sont néfastes pour le Boxer, tels que:

- le poumon qui gonfle l'estomac et qui est difficile à digérer;
- le gras donné mal à propos, surtout si votre Boxer a tendance à l'obésité;
- la viande de porc, en général, n'est pas bonne pour votre Boxer;
- les petits os pointus de poulet ou de lapin;
- les lentilles, les pois cassés et les haricots secs qui sont bien trop riches en fécule et qui sont difficiles à digérer;
- le chou;
- les condiments comme le poivre, la moutarde, etc.

Ne laissez pas les enfants gâter votre Boxer en lui offrant toutes sortes de sucreries: vous pouvez être certain qu'il deviendrait rapidement obèse. Un morceau de sucre devrait être une récompense exceptionnelle.

Votre chien doit toujours avoir à sa disposition de l'eau fraîche afin qu'il puisse se désaltérer quand il le désire.

Un bon conseil: servez-lui ses repas bien tièdes. Votre compagnon les engloutit immédiatement. Votre chien n'aime pas manger chaud, ce qui ne veut pas dire qu'il aime les aliments froids ou glacés.

N'oubliez pas de laver tous les jours la gamelle du chien, et il vaut mieux jeter la pâtée que votre Boxer n'aura pas mangée.

Si vous avez décidé de faire de votre Boxer *un chien de protection*, il aura besoin d'une nourriture plus abondante qu'un Boxer qui ne travaille pas.

Au Boxer qui travaille, donnez:

600 grammes (un peu moins de 1 1/2 livre) de viande crue ou cuite: 250 grammes (1 tasse) de riz, de pâtes ou de céréales; 200 grammes (3/4 de tasse) de légumes cuits; 200 grammes (3/4 de tasse) d'aliments préparés pour chien; 5 millilitres (1 cuillerée à thé) d'huile de foie de morue et des vitamines, s'il y a lieu.

Pour que votre Boxer ait un beau poil lustré et qu'il ait belle apparence, ajoutez à son alimentation quotidienne du yogourt, du fromage cottage, du foie de boeuf ou de la viande de boeuf hachée mélangé à de la nourriture sèche. Ces aliments contribueront à améliorer l'apparence de votre chien: son poil deviendra de plus en plus beau et ses muscles s'assoupliront. Donnez-lui également deux fois par semaine de l'huile de maïs et, pour embellir sa robe, chaque matin 5 millilitres (1 cuillerée à table) de margarine de soja.

Les valeurs nutritives des aliments que vous donnez à votre compagnon se divisent en quatre groupes principaux:

- Les *protéines*, contenues dans la viande (élément majeur de l'alimentation du chien) jouent un rôle important dans la formation des tissus musculaires.
- Les *hydrates de carbone*, contenus dans le pain, les pâtes et les céréales, fournissent l'énergie nécessaire au travail et à l'activité physique.
- Les *matières grasses* fournissent l'énergie et les calories nécessaires pour combattre le froid. Leur quantité doit varier selon les saisons et les conditions climatiques: on peut donner au chien de la viande grasse en hiver, et de la viande maigre en été.
- Les *minéraux*, contenus dans les légumes, les os broyés et dans certains aliments spécialement préparés à cet effet, aident à la formation des os.

Vous devez également savoir que:

- la *vitamine A* que l'on trouve, entre autres, sous forme d'huile de foie de morue est essentielle pour la croissance;
- la *vitamine D* évite le rachitisme, mais il ne faut pas en abuser, car elle pourrait provoquer la calcification des poumons et des reins;
- la *vitamine C* ne devrait être administrée que si le régime alimentaire est mal équilibré. Absorbée par un Boxer ayant un régime équilibré, elle pourrait provoquer des troubles hépatiques;
- la *vitamine K*, bien qu'elle soit indispensable à la coagulation normale du sang, peut causer des troubles hépatiques ou rénaux.

Consultez toujours votre vétérinaire avant de donner des vitamines à votre chien. Un excès de vitamines pourrait provoquer un affaiblissement de l'animal ou la détérioration de son palais.

Son hygiène

Le Boxer, comme tous les autres chiens, a besoin d'être bien entretenu par son maître. Il vous en sera reconnaissant et vous le montrera par son entrain et la fierté de son allure. En le gardant propre, non seulement vous embellissez sa robe, mais vous contribuez à améliorer son état de santé. Un Boxer bien propre est plus sain et vivra bien plus longtemps; il sera aussi plus intelligent que celui qu'on laisse se débrouiller tout seul. Quand votre chien vit à l'intérieur de votre maison, vous devez accorder une attention spéciale à l'élimination des mauvaises odeurs, mais sachez qu'un Boxer est un animal particulièrement propre qui ne vous causera pas de problèmes particuliers. Voyons maintenant, d'une manière détaillée, les soins à donner à votre Boxer.

Le brossage

Brossez votre Boxer tous les jours de la semaine. Comme il a le poil dur vous pouvez utiliser une brosse en poils de sanglier qui, tout en étant efficace, ne le blessera pas. Brossez-le toujours dans le sens du poil en commençant par le garrot et en continuant vers l'arrière-train jusqu'à la queue. Terminez par les pattes.

Tout en dépoussiérant votre Boxer, vous enlèverez les poils superflus et lui éviterez de les avaler.

Le brossage donnera un beau lustre au pelage de votre compagnon: votre Boxer aura fière allure. Il apprécie tout particulièrement le brossage, surtout si vous le brossez énergiquement.

Au printemps et à l'automne, à l'époque de la mue, votre chien a besoin d'un étrillage pour enlever le poil mort. Utilisez alors une brosse en fer ou un peigne d'acier.

Le bain

Vous devez habituer progressivement votre chiot au bain. Ne le faites pas brutalement en le jetant dans l'eau. Si vous voulez qu'il apprécie son bain, vous devez être très patient jusqu'à ce que cela devienne naturel et routinier.

Un chiot doit être baigné une fois par semaine; par contre, arrivé à l'âge adulte, votre Boxer ne doit être baigné qu'une fois l'an. Le bain ne lui est pas trop recommandé. Si votre chien est vraiment sale, enlevez-lui la saleté superficiellement; sinon vous lui enlèveriez le gras naturel qui recouvre son poil et qui le protège du soleil et du froid. Il est conseillé de suivre les conseils d'un vétérinaire en ce qui concerne cette partie de l'hygiène du Boxer.

En été, lorsqu'il fait beau, vous pouvez le baigner en plein air et le laisser s'ébrouer et sécher tout seul. Faites attention à ce qu'il soit à l'abri des courants d'air. En hiver, utilisez un endroit bien fermé et essuyez-le consciencieusement pour éviter qu'il n'ait des rhumatismes.

Remplissez la baignoire d'eau tiède à environ 40°C. Toute la partie inférieure du corps de votre Boxer doit être dans l'eau. Pour éliminer les parasites du pelage, employez un shampooing insecticide. Commencez par lui savonner la tête, puis continuez dans le sens du poil jusqu'à la queue et aux pattes. Faites-le très soigneusement. Rincez une première fois en évitant de mouiller son museau et en protégeant ses oreilles de l'eau. Soyez doux et patient, même lorsqu'il veut vous montrer à quel point c'est agréable! Profitez du bain pour vérifier la propreté de ses oreilles et pour les nettoyer à l'aide de coton enroulé sur un bâtonnet. Surveillez bien vos gestes car les oreilles d'un chien sont très sensibles, et il pourrait avoir des mouvements brusques en sentant un corps étranger dans son oreille. Quand vous aurez terminé, sortez votre Boxer de la baignoire et éloignez-vous rapidement afin d'éviter de vous faire mouiller lorsqu'il se secouera. Frottez-le ensuite très fort avec des serviettes.

Lorsque approche l'hiver, et plus particulièrement durant les périodes de grand froid, nous vous conseillons d'employer des shampooings secs: il vaut mieux ne pas mouiller votre chien. Ces shampooings secs font disparaître les parasites, assouplissent la fourrure et rendent le pelage plus brillant et plus beau.

Si votre Boxer vous revient d'une "expédition" couvert de boue, vous avez le choix entre le frotter avec des linges humides et le sécher ou laisser sécher la boue et le brosser ensuite. Si son poil est taché de graisse, de peinture ou de goudron, frottez-le avec un chiffon imbibé d'essence, de térébenthine ou d'éther. Rincez bien soigneusement ensuite.

Les ongles

L'entretien des ongles du Boxer est très important. Le meilleur moyen pour qu'ils ne deviennent pas trop longs est encore de faire marcher votre chien: l'exercice les maintiendra à la bonne longueur.

Mais si votre chien sort peu, leur pousse étant constante, ils le gêneront lors de ses déplacements: vous devrez alors vous en occuper. Baignez ses griffes dans de l'eau tiède, jusqu'à ce que les ongles soient ramollis; coupez-les ensuite en faisant attention, en les regardant à contre-jour, de n'enlever que la partie morte; vous éviterez ainsi de blesser votre Boxer. Utilisez un instrument spécial et non ceux réservés à l'usage humain. Vous pouvez également choisir de les lui limer, mais procédez alors avec beaucoup de douceur.

Les dents

La meilleure façon de garder saines les dents de votre Boxer est encore de lui donner des os à ronger et de lui faire manger du pain bien sec et des biscuits très durs. Ne lui permettez pas de croquer des morceaux de bois dur ou des pierres, il risquerait d'abîmer définitivement l'émail de ses dents. Si votre chien est de bonne nature, vous pouvez lui faire un brossage normal des dents à l'aide d'un dentifrice pour chien. Vous pouvez aussi essayer de lui frotter les dents avec un chiffon humide trempé dans du bicarbonate de soude ou du jus de citron.

Faites attention aux friandises trop sucrées: elles contribuent au développement des caries. Examinez les dents de votre Boxer régulièrement, il pourrait y avoir du tartre, ce dépôt calcaire qui recouvre progressivement les molaires et les canines, qui donne une mauvaise haleine et favorise le déchaussement des dents et les infections des gencives. Quoi qu'il en soit, vous devriez voir, au moins une fois l'an, votre vétérinaire qui vous guidera judicieusement.

Les yeux

Il est possible que les yeux de votre Boxer soient rouges et larmoyants. Cela peut arriver après un plus ou moins long séjour en plein vent ou si un corps étranger s'est glissé sous ses paupières; à titre de prévention, ne laissez pas votre compagnon passer sa tête par la fenêtre lorsque vous l'emmenez en voiture.

Lavez ses yeux avec une solution d'acide borique que vous trouverez dans toutes les pharmacies. Imprégnez-en un tampon de coton hydrophile et passez-le-lui sur les yeux.

En cas de conjonctivite, adressez-vous à votre vétérinaire qui vous indiquera les remèdes à lui donner.

Les parasites

Bien que votre Boxer ne soit pas sujet aux parasites, il vous faudra vérifier méticuleusement, lors de la séance de brossage, si votre animal n'en est pas infesté.

Les *puces* ne sont pas vraiment dangereuses, et vous pouvez les éliminer en ayant recours à des poudres insecticides. Les puces canines n'aiment pas l'homme et ne quittent le poil d'un chien que pour celui d'un autre.

Les *poux*, lorsqu'ils ont pris possession du poil de votre Boxer, sont la cause de bien des tracas. Il est difficile de les éliminer complètement. Ils se reproduisent très rapidement, et leur présence peut devenir dangereuse pour votre compagnon. Il y a de fortes chances que votre Boxer ait des poux s'il se gratte sans arrêt les oreilles. Donnez-lui des bains insecticides, mais, si vous n'arrivez pas à l'en débarrasser rapidement, consultez sans tarder votre vétérinaire. Si vous n'agissez pas rapidement, votre Boxer pourrait être atteint d'anémie, ce qui l'affaiblirait considérablement.

Les *tiques* sont des parasites qui sévissent surtout pendant l'été dans nos régions. Ce sont les chiens vivant en contact avec des bestiaux qui sont les plus menacés. Elles peuvent provoquer des infections cutanées lorsqu'on essaye de les arracher sans prendre de précautions. La tête des tiques reste incrustée dans la peau quand vous en arrachez le corps et provoque ainsi de l'infection. Il vaut donc mieux faire prendre à votre Boxer des bains insecticides ou des bains à l'essence ou encore à l'alcool.

Une fois que les tiques sont mortes, laissez-les tomber d'elles-mêmes sans essayer de les arracher.

On les retrouve sur la base des oreilles, le cou, les interstices des doigts et les aisselles du chien. Dès que vous remarquerez que votre Boxer en est infesté, occupez-vous-en au plus vite.

Il existe aujourd'hui toute une série de colliers insecticides qui donneront à votre chien une assez bonne protection contre les parasites. C'est une façon efficace et discrète de le protéger d'une manière permanente. Mais il vaudra toujours mieux ne pas laisser votre Boxer, que vous soignez avec tant d'attention, se mêler aux chiens errants de votre voisinage.

Les Boxers sont des amis et des serviteurs qui obéissent à des personnes qui savent leur donner des ordres clairs.

Sa santé

Si vous remarquez que votre Boxer est triste, qu'il ne répond pas à vos appels et reste dans son coin, alors qu'il est normalement gai, actif, vif et expressif, il y a tout lieu de penser qu'il est malade. La première chose à faire est de prendre sa température rectale avec un thermomètre médical: elle est normalment de 38,2°C à 38,7°C chez le Boxer adulte et d'environ 39°C chez le chiot. Si elle dépasse largement 39°C ou si elle est nettement en dessous de 38°C, vous devez être très vigilant. Si cette température anormale s'accompagne de vomissements ou de diarrhée, n'hésitez pas à consulter votre vétérinaire.

Vous devez également savoir que le pouls normal d'un jeune Boxer a de 100 à 120 pulsations par minute; celui d'un Boxer dans la force de l'âge, de 90 à 100 et celui d'un vieux chien, de 70 à 80.

Un jeune chien au repos a de 18 à 20 respirations, et un vieux Boxer de 14 à 16.

Le Boxer est sujet aux infections cutanées: à titre de prévention, brossez-le tous les jours afin d'enlever les poils morts et toutes les saletés qui peuvent favoriser une infection. D'autre part, votre Boxer n'est pas à l'abri des blessures, des fractures ou des brûlures. Il peut également être atteint de différentes maladies parasitaires dont nous vous parlerons plus loin.

Les accidents

La bataille de chiens

Une bataille de chiens peut dégénérer très rapidement. Attrapez une laisse ou même, si vous n'en trouvez pas une immédiatement, prenez votre ceinture et tapez très fort dans le tas. Sachez qu'un bon coup de fouet les cinglera, mais que c'est bien moins grave qu'une vilaine morsure. N'hésitez pas, soyez énergique et faites vite: tous les ordres et les cris ne servent absolument à rien dans un cas pareil.

Les blessures

Il y a plusieurs types de blessures: les coupures, les contusions, les blessures superficielles ou profondes.

Bien que parfois compliquée d'une hémorragie, la *coupure* est une blessure habituellement simple. Vous devez d'abord faire arrêter l'écoulement du sang, en tamponnant à l'aide de compresses de gaze ou en garrottant le membre au-dessus de la blessure. Dans les cas graves, vous devrez ligaturer les vaisseaux. La désinfection et la propreté sont indispensables; avant même de vous occuper de la blessure, rasez les poils autour. Si la blessure est longue, vous devrez faire à l'animal quelques points de suture. En soulevant la peau du chien, vous y arriverez aisément. Si la blessure est superficielle, laissez-la à l'air afin que votre Boxer puisse la lécher. Votre chien léchera la plaie, et sa salive favorisera la guérison en évitant l'infection tout en accélérant la cicatrisation.

Bien que les blessures provoquées par une pointe ne soient pas longues, elles sont souvent très profondes et peuvent s'infecter: des germes peuvent s'introduire accidentellement sous la peau et résister à toute médication. Si ces cas d'infection sont rares, ils n'en sont pas moins très douloureux: vous devrez les désinfecter en profondeur par irrigation.

La *contusion* est une lésion produite par un choc sans qu'il y ait déchirure de la peau du Boxer. Il est alors plus difficile de faire des points de suture, parce qu'il s'agit d'une blessure qui n'est pas aussi nette qu'une coupure. Commencez par désinfecter en lavant la plaie avec une solution antiseptique. Comme pour la coupure, rasez les poils autour de la plaie de votre Boxer. Bandez-le selon l'emplacement de la blessure, de façon à ne pas nuire à ses mouvements. Une contusion guérira plus lentement qu'une coupure.

À l'occasion d'une partie de chasse, votre Boxer qui vous accompagne peut aussi, malheureusement, être touché par une balle perdue ou être pris à un piège. Gardez la tête froide et jugez très rapidement la situation. Si votre chien est blessé à la tête, à la poitrine ou au ventre, c'est-à-dire blessé gravement par une balle, et que vous êtes incapable de le transporter en moins d'une heure chez le vétérinaire le plus proche (ou même chez un pharmacien), vous devrez vous résoudre à ne pas le laisser souffrir inutilement. Si la blessure par balle est superficielle ou profonde, mais sans être dangereuse, munissez-vous d'un bâton pas trop long mais suffisamment solide et faites-le mordre par le chien. Enveloppez ensuite votre Boxer dans une couverture, un imperméable ou une bâche et amenez-le le plus vite possible chez un vétérinaire. S'il est pris au piège, faites comme dans le cas d'une blessure par balle, faites-lui mordre un bâton et faites le nécessaire pour l'empêcher de s'enfuir quand vous l'aurez libéré du piège.

Les chiens perdus ou épuisés

Le fait de s'égarer et d'être épuisé est très fréquent chez les tout jeunes Boxers, mais il est tout de même possible que cela arrive à un Boxer adulte.

Il arrive que l'on ne retrouve son chien qu'au bout de deux semaines de recherche. Le chien épuisé cherchera à se désaltérer et à se rapprocher d'une habitation pour se rassasier; votre Boxer étant un animal domestique, il est incapable de subvenir lui-même à ses besoins, puisqu'il a l'habitude d'être servi par son maître.

À partir du troisième jour environ, un chien citadin peut devenir méchant. La soif et la faim peuvent le rendre fort dangereux, et il faut éviter le contact entre votre Boxer et un chien dans cet état. Essayez d'enfermer ce chien perdu et donnez-lui à boire et à manger raisonnablement. Prévenez la police locale et regardez les petites annonces dans le journal afin de vérifier les avis de recherche.

L'insolation et le coup de chaleur

Les symptômes d'une insolation et ceux du coup de chaleur sont les mêmes. Si votre Boxer court ou marche beaucoup en plein soleil, l'été, il est possible qu'il souffre d'un coup de chaleur: son système nerveux central sera atteint. Ses poumons et son système cardio-vasculaire peuvent également être touchés. Les symptômes apparaissent brusquement: le chien semble soudainement affaibli, sa démarche devient hésitante, il respire par saccades et finit par tomber. N'attendez pas le vétérinaire pour lui donner les premiers soins: l'insolation peut être mortelle.

La première chose à faire est de porter votre Boxer à l'ombre, sous un arbre par exemple; essayez de trouver un endroit ombragé et frais. Faites baisser sa température par des applications d'eau très froide sur sa tête et sur le reste de son corps. Appelez ou faites appeler un vétérinaire; en attendant sa venue, donnez à votre compagnon un peu de café pour lutter contre la dépression; vous l'aiderez ainsi à surmonter sa crise. Ne laissez jamais votre Boxer prisonnier dans une automobile hermétiquement fermée et placée en plein soleil.

L'aggravée

Il s'agit de l'inflammation des soles d'un Boxer qui a marché trop longtemps sur des terrains trop durs ou trop caillouteux. L'aggravée touche aussi le chien qui a marché sur le chaume resté sur place après la moisson. Les soles peuvent aussi s'enflammer si votre animal se promène longtemps, par temps chaud, sur des routes goudronnées. Il se formera, au niveau des coussinets plantaires et des espaces interdigitaux, des plaies très douloureuses qui rendront sa marche difficile et pénible sinon impossible.

Cette inflammation est la plupart du temps assez longue à guérir. Laissez votre chien au repos sur un terrain non sablonneux; évitez le gravier, le ciment et l'humidité. Des bains astringents à base d'alun le soulageront. Vous pouvez également pulvériser un liquide antiseptique qui formera une pellicule isolante sur les parties touchées par la maladie.

Les brûlures

Les brûlures sont moins rares qu'on ne le pense. Méfiez-vous lors des pique-niques à la campagne. S'il se brûle, votre Boxer peut devenir fou furieux. À la suite d'un affaiblissement physiologique brusque (collapsus) qui succède à la destruction de l'épiderme, les brûlures sont dangereuses et fort douloureuses et peuvent même causer la mort de votre Boxer.

Les brûlures se divisent en trois catégories selon leur gravité. Les brûlures du *premier degré* sont les plus légères: la peau présente un rougissement, et la brûlure évolue vers une inflammation érythémateuse; votre chien a des sensations de douleur. Les brûlures du *second degré* se caractérisent par la formation de petites ampoules qui, en se perçant, libèrent un liquide séreux et donnent naissance à de petites plaies. Ces petites plaies guériront à la cicatrisation. Les brûlures du *troisième degré* sont les plus graves. Il s'agit, dans ces cas, d'une carbonisation des tissus, suivie de la formation d'une croûte qui disparaîtra avec la cicatrisation.

Commencez par bloquer la mâchoire du Boxer avec un bâton. Les brûlures se soignent par des bains froids d'une solution borique à 3 pour 100 et par des applications de poudres absorbantes. Comme premiers soins, appliquez de l'huile d'olive, de la vaseline, de la pommade à la lanoline ou à l'ichtyol, du blanc d'oeuf battu, du beurre, de la margarine, de la graisse animale, etc. Percez les ampoules pour en faire sortir le liquide, en appliquant à l'endroit blessé une poudre à base d'antiseptique. N'oubliez jamais de commencer par désinfecter la plaie à l'aide de poudres absorbantes.

En cas de brûlures provoquées par une substance chimique, vous pouvez en neutraliser l'action en utilisant des substances alcalines si la brûlure est causée par des acides; des préparations acides, si elle est provoquée par des bases.

Les morsures de reptiles

Les lèvres, la truffe et l'extrémité des membres sont les endroits les plus prédisposés aux morsures de serpent. Votre Boxer se mettra habituellement à vomir et poussera un hurlement de douleur. Vous remarquerez, dans la région mordue, une plaie tuméfiée et violacée qui deviendra douloureuse, qui s'enflammera et prendra une forme d'auréole. Cette morsure sera plus dangereuse si la vipère n'a pas mordu depuis sept jours; elle injecterait alors au chien tout son venin. Plus l'animal est jeune, plus cette morsure peut être mortelle.

Il faut intervenir très rapidement en faisant saigner abondamment en débridant au couteau, puis en suçant la plaie et en recrachant le venin. Placez un garrot au-dessus de la plaie. Lavez-la à l'eau javellisée (4 à 5 cuillerées par litre (1 pinte) ou avec une solution de permanganate (un comprimé pour 1/4 de litre (1 tasse) d'eau). Ceci fait, injectez-lui du sérum antivenimeux qu'*il est indispensable d'avoir toujours dans ses bagages* quand vous sortez avec votre chien à l'extérieur de la ville.

La couleuvre mord parfois; mais, bien que ce soit douloureux, sachez qu'il n'y a pas de danger pour votre compagnon.

Les épillets

Les épillets, surnommés les folles avoines, peuvent pénétrer entre les doigts, dans le nez et dans les oreilles et provoquer des abcès et des inflammations. L'oreille y est particulièrement sensible puisque les petits épillets se glissent progressivement au fond du conduit auditif où ils restent coincés. Le Boxer penchera la tête du côté de l'oreille atteinte, secouera assez violemment la tête et deviendra nerveux. Dès que vous remarquerez ces symptômes, soignez-le immédiatement en lui enlevant l'épillet à l'aide d'une petite pince. Si dès les premiers symptômes l'extraction est facile, vous aurez des difficultés à repérer un épillet enfoncé trop loin. Adressez-vous au vétérinaire qui, grâce à l'otoscope, en viendra à bout.

Si vous ne vous en occupez pas, il y a de fortes chances qu'une otite inflammatoire et une suppuration s'installent et conduisent au catarrhe auriculaire chronique. Comme nous le faisions remarquer, l'épillet se rencontre fréquemment dans les espaces interdigitaux; ils peuvent provoquer un abcès qui devra être largement débridé et débarrassé du corps étranger. Si cela n'est pas fait, l'épillet continuera son chemin tout au long des gaines tendineuses ou musculaires et pourra provoquer, dans une région éloignée de son point d'impact, des abcès successifs.

Les fractures

Il y a quatre genres de fractures: fermées, ouvertes, comminutives et composées.

La *fracture fermée* est la plus fréquente: l'os se casse sans sortir du membre du chien. La réduction de la fracture fermée est la plus facile. Par contre quand l'os sort du membre, il s'agit d'une *fracture ouverte*. L'os provoque des blessures externes qui entraînent certaines complications. Quand l'os se casse en plusieurs morceaux, il s'agit d'une *fracture composée*.

Que devez-vous faire en cas de fracture? Nous vous conseillons, comme premiers soins, de désinfecter et de nettoyer les blessures faites par les fractures ouvertes. Enlevez les fragments osseux, s'il y a lieu. Prenez une petite planche pour immobiliser le membre du chien et tenez-le tranquille jusqu'à ce que vous réduisiez la fracture. Une des principales causes de fractures est la circulation routière qui augmente sans cesse. Vous pouvez éviter, du moins partiellement, ces accidents en ne laissant pas votre Boxer se promener seul, en faisant attention de ne pas l'appeler de façon inconsidérée pour lui demander de traverser une rue pour vous rejoindre ou encore en le dressant de façon à éviter ce type d'accident.

Une des plus graves fractures causées par des collisions est celle de la colonne vertébrale: elle entraîne la paralysie du train postérieur au mieux, la mort au pire. Dans un cas pareil, il est préférable d'abréger les souffrances de votre compagnon. Il en est de même si les fractures sont accompagnées de la rupture d'un organe interne: dans la plupart des cas, n'ayez pas trop d'espoir quant à la survie de votre chien.

Les orties

Votre Boxer, en traversant des touffes d'orties, peut attraper une certaine forme d'urticaire. Très rapidement, il aura un sensation de brûlure et un prurit violent, surtout au niveau des parties où sa peau est très fine. Votre chien, par instinct, se léchera souvent et avec force. De cette façon, les poils atteints d'urticaire peuvent, malheureusement, pénétrer jusqu'à ses muqueuses respiratoires, provoquant à la limite l'asphyxie.

Appliquez des pommades ou des lotions antiprurigineuses et calmantes sur les parties du corps atteintes d'urticaire. Vous pouvez également appliquer des lotions faites d'eau froide vinaigrée.

L'électrocution

Si votre chien est bien portant et pas excessivement nerveux, les clôtures électriques ne sont pas vraiment dangereuses. Si, par malheur, votre Boxer touche une installation électrique mal isolée ou mord un fil tombé, il perdra connaissance. Pratiquez-lui la respiration artificielle: couchez-le sur le côté, puis poussez sur ses côtes toutes les deux secondes environ.

Les intoxications

Le Boxer peut être empoisonné par une main criminelle, mais il peut l'être également accidentellement en absorbant des produits toxiques répandus pour dératiser ou pour se débarrasser d'autres bêtes nuisibles. La composition chimique de chacun de ces produits est fort différente: leurs conséquences sur l'organisme peuvent donc être très différentes. Contactez au plus vite votre vétérinaire. Malheureusement, certains produits toxiques, comme la strychnine et la noix vomique, ont un effet foudroyant et rien ne pourra sauver l'animal.

Les corps étrangers

Le Boxer, comme d'ailleurs tous les autres chiens, peut avaler divers corps étrangers. Ce sont les chiots qui doivent être les plus surveillés. La liste des objets dangereux est longue, et il est impossible de tous les énumérer. Prenons quelques exemples: les aiguilles de couturière peuvent se planter dans la gorge ou dans la langue du chien. Il hurlera et bavera; il ne pourra plus manger. Un chiot, ou même un chien adulte, peut aussi avaler par inadvertance un morceau de jouet en caoutchouc, un noyau de pêche, un os de côtelette, un caillou ou un bouchon.

N'essayez pas d'intervenir vous-même, vous pourriez lui faire plus de mal que de bien, et il pourrait vous mordre. Emmenez l'animal chez votre vétérinaire. Vous constaterez d'ailleurs la gravité de son état si vous le voyez vomir "jaune" et si son abdomen semble douloureux. Votre vétérinaire lui fera une palpation et une radiographie. Il fera son diagnostic selon les résultats: il devra peut-être procéder à l'ouverture de l'estomac ou des intestins. À titre de prévention, ne laissez pas traîner d'objets qu'il pourrait avaler et apprenez à vos enfants à ne jouer avec lui qu'à des jeux inoffensifs afin d'éviter qu'il ne se retrouve sur une table d'opération.

Le danger des élastiques

Ne placez jamais un élastique autour du museau de votre Boxer ou d'une de ses pattes. Il pénétrerait rapidement dans la peau et provoquerait une inflammation marquée par les poils et l'exsudation. Il faudrait alors le faire exciser. Faites bien comprendre à votre entourage, et surtout aux enfants, qu'il s'agit là d'un jeu dangereux.

Les piqûres d'insectes

Les piqûres d'insectes, comme celles des abeilles, frelons et guêpes, sont moins dangereuses qu'une morsure de vipère. Néanmoins, dans les cas sérieux, consultez votre vétérinaire. Mais dès que le chien a été piqué, tamponnez la région blessée avec du vinaigre ou du poireau frais. Certains chiens sont allergiques à ces piqûres, et leur vie peut être en danger. Si votre vétérinaire n'est pas à proximité, emmenez votre chien à la clinique la plus proche.

Les maladies

Les symptômes de maladie chez votre Boxer

Bien qu'il soit de constitution robuste, il est tout de même possible que votre Boxer tombe malade. Un chien, comme d'ailleurs tous les autres animaux, vous prévient par des signes très clairs qu'il est sur le point d'être malade. Il est évidemment plus facile d'y être attentif si l'animal vous appartient; à force de vivre avec lui, vous repérerez rapidement les signes avant-coureurs et vous pourrez alors procéder aux soins nécessaires avant que la maladie qui couve ne devienne grave ou même chronique.

Si vous remarquez un changement dans ses habitudes quand il joue, s'il change d'humeur ou que son comportement lors des repas est différent, s'il se laisse traîner pendant la promenade ou s'il est tout simplement triste, faites-lui subir un examen complet: mieux vaut prévenir que guérir.

Votre chien ne peut pas parler, mais il remplacera la parole par des signes extérieurs. Il commencera par se désintéresser de sa nourriture et des jeux. Il ne cherchera plus la compagnie des autres et voudra rester seul, il refusera de faire sa promenade et aura l'air indifférent. Ne perdez pas votre calme lorsque vous remarquerez ces symptômes chez votre Boxer et n'essayez pas de le forcer à manger ou à vous obéir.

Lorsque la maladie se développe, vous remarquerez que sa truffe est plus chaude que d'habitude et qu'elle est également sèche et rêche. Prenez la température de votre chien à l'aide d'un thermomètre médical introduit dans l'anus. La température normale de votre compagnon, en bonne santé, ne devrait pas dépasser 39°C. Vérifiez également son pouls en appuyant votre doigt sur la veine qui se situe à l'intérieur de la cuisse; normalement il devrait avoir entre 70 et 120 pulsations par minute. Cette marge de 50 pulsations est due à la grande différence de pulsations entre les moments de repos et les moments de surexcitation ou d'activité.

Apprenez à diagnostiquer au plus vite les diverses maladies dont nous allons énumérer les symptômes plus loin, afin que votre Boxer reçoive les soins appropriés au plus tôt, pour empêcher l'évolution de la maladie. Par exemple, la rage se caractérise par certains symptômes: le chien a toujours la gueule ouverte, il n'aboie plus de la même façon et il a toujours envie de mordre. Par contre la formation de petites pustules sur la peau du ventre, les crampes, la diarrhée et la toux sont les principaux symptômes de la gourme.

En résumé, il faut toujours surveiller les changements de comportement de votre chien, son manque d'appétit et son besoin de solitude, car ce sont là les premiers symptômes de toute maladie.

Les causes de maladie chez votre Boxer

Comme nous vous l'avons dit, le Boxer est particulièrement robuste et n'a donc pas, généralement, de graves problèmes de santé. Néanmoins, sachez que certains animaux sont prédestinés à la maladie et, malgré les soins qui leur sont donnés, ils auront toujours des problèmes de santé. Bien que la plupart des Boxers soient des animaux sains, il arrive que certains croisements visant à améliorer les qualités de la race rendent certains d'entre eux plus sensibles aux maladies, et particulièrement à la gourme.

Le Boxer attrape facilement la grippe au printemps et en automne: à titre de précaution, faites-le bouger afin qu'il n'attrape pas froid; un Boxer qui ne bouge pas aura des problèmes de santé. À cause de sa grande consanguinité, le Boxer est sujet aux kystes et aux tumeurs. Si vous remarquez qu'il perd son poil, alertez votre vétérinaire qui vous expliquera la marche à suivre pour interrompre l'évolution de cette maladie.

Le Boxer est également sujet aux rhumatismes. Il pourrait aussi être victime de lésions cérébrales à partir de l'âge de neuf ans.

C'est entre l'âge de six mois et un an que les Boxers sont les plus prédisposés à la gourme. À titre de prévention, évitez que les chiots soient exposés aux changements brusques de température et à l'humidité. Cette tendance ne doit pas vous inquiéter outre mesure; elle est contrôlable et peut être neutralisée en respectant des règles d'hygiène très strictes et en observant continuellement la condition physique de votre chien.

Les soins au Boxer

Le chien se soigne, habituellement, de la même manière que l'être humain. Il doit absorber des médicaments et recevoir des injections; tout comme l'homme, il doit parfois subir des interventions chirurgicales. Le grand problème, c'est qu'il ne parle pas... Il ne peut pas vous expliquer pourquoi il déteste certains médicaments alors qu'il en prendrait d'autres volontiers. Il y a une bonne méthode pour administrer au chien un médicament qu'il n'aime pas: donnez-le-lui en l'introduisant sur le côté de la gueule. Calmez l'animal en lui parlant doucement, prenez dans votre main droite la cuillère qui contient le médicament, en soulevant avec la main gauche la lèvre du chien; vous allez découvrir une cavité près de l'angle de la mâchoire, et il vous sera facile d'y verser le contenu de la cuillère. Le Boxer avalera naturellement le médicament.

Si vous avez de longs soins à donner à votre chien, utilisez des "cuillères couvertes" spécialement conçues pour faciliter l'introduction du médicament dans la cavité de la lèvre inférieure. Si vous devez faire absorber à votre chien un médicament en poudre ou en gouttes, mélangez-le avec de l'eau, de la viande hachée, du sucre, du lait, du pain ou tout autre ingrédient.

Vous n'aurez aucune difficulté à faire une injection à votre chien, sauf s'il s'agit d'une intraveineuse. N'oubliez jamais de stériliser convenablement la seringue et d'éliminer les bulles d'air qui se forment quand vous mettez le liquide dans la seringue. Désinfectez toujours la partie du corps qui doit être piquée en la frottant avec de l'alcool. Lorsqu'une injection intraveineuse s'avère nécessaire, il vaut mieux s'adresser à un vétérinaire: il se servira de la veine saphène qui se trouve sous le jarret.

Les lavages vaginaux, les clystères et les diverses applications externes ne devraient pas vous poser de problèmes particuliers. Liez bien les bandages car votre Boxer essaiera de les enlever.

Soyez patient et compréhensif; soignez-le dans une atmosphère de calme. Vous verrez comme il est alors plus facile de le soigner et de le remettre sur patte.

Les parasites externes

Bien que généralement le Boxer ne soit pas infesté par les parasites, il est bon de connaître le moyen de s'en débarrasser. Il y a plusieurs types de parasites externes, mais les plus fréquents sont les poux, les tiques et les puces.

Les poux

Certains poux piquent la peau du chien et sucent son sang; d'autres se nourrissent de fragments de peau et de poils. Les poux peuvent devenir dangereux et provoquer un amaigrissement et même de l'anémie s'ils sucent trop de sang.

Vous trouverez dans les magasins spécialisés les produits nécessaires pour débarrasser votre chien de ces parasites. Vous pouvez aussi utiliser une solution de créoline à 4 pour 100 ou du pétrole. Faites attention ne pas trop irriter la peau de votre compagnon, principalement aux endroits délicats et aux endroits où le poil est court. Les produits liquides détruisent en même temps les lentes. Trois bains échelonnés sur trois semaines devraient éliminer ces parasites.

Les tiques

Les tiques sont de petites araignées qui se fixent dans la peau du chien et qui sucent son sang. Lorsqu'elles sont rassasiées, elles tombent et meurent, mais seulement après avoir pondu leurs oeufs. Si elles ne sont pas trop nombreuses, le chien n'en souffrira pas trop. Par contre, si elles sont en trop grand nombre, elles provoquent l'amaigrissement et l'anémie. Elles peuvent également transmettre d'autres maladies, comme la piroplasmose. La meilleure façon de les détruire, sans provoquer de plaies, consiste à mettre une goutte de térébenthine, de pétrole ou d'alcool sur la tique. Attendez que les parasites se détachent d'eux-mêmes; vous risqueriez, en les arrachant, de provoquer des plaies.

Les puces

La puce du chien (*pulex serraticeps*) n'est pas dangereuse pour l'homme. Vous pouvez protéger facilement votre chien grâce aux insecticides que l'on trouve sur le marché. Il est recommandé d'utiliser ceux qui sont faits à base de pyrèthre africain. Il est difficile de débarrasser votre Boxer, de façon définitive, de ce parasite: il peut en attraper à longueur de journée s'il se trouve continuellement dehors ou au cours de ses promenades. N'utilisez pas de produits trop forts pour débarrasser vos chiots des puces: ils ont l'habitude de se lécher entre eux et peuvent donc s'intoxiquer mutuellement. Nettoyez bien la niche de temps en temps.

Les parasites internes

Étant donné que votre Boxer mange des viandes crues, des entrailles et d'autres aliments dans lesquels peuvent s'introduire des larves de parasites, il en sera souvent victime.

Ces vers dénommés "ténias" ne se transmettent pas d'un chien à l'autre; ils ont besoin d'un intermédiaire, comme la nourriture, pour atteindre l'animal.

La piroplasmose

Le *piroplasma cani* est le parasite responsable de la piroplasmose. Il s'agit d'une maladie du sang qui est contagieuse. Si vous vous y prenez suffisamment tôt, vous en viendrez facilement à bout. Mais si elle n'est pas rapidement soignée, votre Boxer peut en mourir.

La tristesse et la fatigue sont les premiers symptômes de la piroplasmose. Votre chien perdra ensuite l'appétit, et sa température montera à 40-41 °C. Ses urines fonceront d'heure en heure et prendront la couleur du marc de café ou du malaga.

Cette infection est provoquée par les morsures des tiques. Il vous sera facile de trouver sur le corps de votre chien malade des tiques vivantes et pleines du sang de leur victime.

Il existe de très bons médicaments sur le marché, mais la guérison dépendra de la rapidité de l'application dès que vous en aurez décelé les symptômes.

La convalescence sera longue, et, durant cette période, votre chien pourra avoir des troubles néphrétiques ou hépatiques. Laissez votre chien se reposer pendant deux ou trois semaines: pendant la maladie, la rate s'hypertrophie et il y a des dangers d'éclatement si votre Boxer s'agite trop ou fait des exercices trop violents.

Il n'existe pas, pour le moment, de vaccination préventive. Vous devrez, de temps en temps, déparasiter votre chien en appliquant des poudres insecticides appropriées. Vous pouvez également lui faire porter de façon permanente un collier antiparasitaire.

La leptospirose

La leptospirose s'appelle également "maladie de Stuttgart", "typhus du chien" ou "gastro-entérite hémorragique". Cette maladie, provoquée par un micro-organisme, est caractérisée par son incubation fort discrète, sa soudaineté et surtout par sa violence.

L'agent vecteur est transmis par le rat qui élimine le microbe dans ses urines et qui peut souiller l'alimentation et l'eau du chien. Cette maladie est contagieuse et peut provoquer la mort. On peut constater des formes brutales accompagnées de prostatite, d'anurie et d'hypothermie. Il existe également des formes plus lentes qui provoquent des hépatites et des néphrites. Le diagnostic est délicat. Agissez avant même d'en être sûr. Administrez à votre chien des antibiotiques à fortes doses. Les meilleurs soins préventifs demeurent les vaccins de Carré et de Rubarth: ils donnent d'excellents résultats.

Les ascaris

Comme les oxyures, les ascaris appartiennent à la famille des vers ronds. L'ascaris du chien (*ascaris marginata*) ne doit pas être confondu avec l'*ascaris lombricoïde* de l'être humain auquel il ressemble beaucoup. L'ascaris du chien est de forme cylindrique et il est lisse. Il mesure environ six à douze centimètres (deux à quatre pouces). L'*ascaris limbata* est du même type, mais il est plus dangereux. L'ascaris, qui a la forme d'un ver de terre, n'a pas besoin d'intermédiaire, contrairement au ténia, pour infester le chien; il passe directement de l'oeuf au ver.

Les chiots sont les plus touchés par ce parasite dont la transmission se fait de la mère aux petits pendant leur vie utérine. Ce qui ne veut pas dire que les chiens adultes ne peuvent pas être contaminés. Les oeufs des ascaris peuvent se trouver dans l'eau polluée ou à d'autres endroits où ils auront été déposés et que le chien léchera.

Les symptômes de la présence de ces vers sont les mêmes que ceux du ténia. Le diagnostic en est facilité par leur présence dans les selles du chien. On peut en trouver des quantités considérables dans son intestin qui peuvent provoquer, dans certains cas, la mort. Lorsqu'ils passent de l'intestin à l'estomac, ils peuvent provoquer des vomissements.

Surveillez l'état de la mère pendant l'allaitement et, nous ne vous le répéterons jamais assez, observez une hygiène stricte. Quand les vers prolifèrent, ils causent des anémies nerveuses, des démangeaisons anales et un certain amaigrissement. Votre chien sera également sujet à des convulsions et à des vomissements gastro-intestinaux.

L'ascaridiose, la maladie provoquée par les ascaris, se soigne avec de la santonine. Vous devez mélanger de huit à dix centigrammes de santonine à du sucre et à du calomel. Après avoir soigné le chien pendant deux ou trois jours, administrez-lui une purge huileuse pour le faire évacuer. D'autres médicaments pourront tout aussi bien faire l'affaire; adressez-vous au vétérinaire qui vous renseignera.

La toxoplasmose

Cette maladie peut facilement être confondue avec les troubles dus au virus de Carré. Les symptômes dépendent de la localisation et de l'évolution de la maladie.

Toutes les fonctions vitales peuvent être touchées. Votre chien deviendra agressif et nerveux;

il fera peut-être même des tentatives de fugue. Il pourra être frappé de paralysie partielle ou généralisée.

La maladie peut toucher les viscères et provoquer ainsi un amaigrissement progressif, des troubles cardio-vasculaires, pulmonaires, gastro-intestinaux et des avortements. Il n'existe pas de traitement spécifique, et les chiots touchés par cette maladie sont particulièrement en danger. Elle cause souvent leur mort.

Le coryza parasitaire

Le coryza parasitaire est une maladie provoquée par des parasites ressemblant à des vers. Le parasite femelle peut atteindre environ dix centimètres (quatre pouces) de longueur. À l'état de larve, il se retrouve dans les entrailles des moutons, des lièvres et autres herbivores.

Si le chien mange des entrailles crues infestées, les larves trouveront leur chemin de l'estomac aux cavités nasales et entraîneront le coryza parasitaire. Cette maladie est dangereuse et pourrait provoquer la mort du chien à la suite de problèmes cérébraux.

La seule prévention est de faire cuire les entrailles. Dans le cas d'affection mineure, le chien guérira de lui-même; les vers morts seront expulsés par les narines lors d'éternuements.

Le ténia serré

On trouve les larves de ce ver dans les viscères des lapins et des lièvres. Il peut atteindre une longueur d'environ un mètre (trois pieds). N'offrez pas à votre chien, lors d'une chasse par exemple, les entrailles des lièvres tués; vous ne feriez qu'accroître la propagation de ce genre de ténia.

Le ténia cucurbitin

Le ténia cucurbitin (*dipylidium caninum*) a la particularité de se transmettre par la puce du chien et parfois même par les poux. La contagion est facile parce que les puces sont difficiles à éliminer complètement. Les animaux se les transmettent lors de leurs contacts journaliers, de leurs promenades, de leurs courses, etc. Les puces de votre chien peuvent manger les oeufs du ténia expulsés de l'intestin de l'animal atteint et qui sont restés accrochés au poil autour ou en dessous de sa queue. Votre Boxer, en mordant une puce, en l'écrasant ou en la mangeant, peut être lui aussi contaminé, puis contaminera un autre chien et ainsi de suite. Une seule puce peut abriter jusqu'à cinquante et même soixante larves de ténia cucurbitin. Ce parasite pourra se développer chez votre Boxer jusqu'à mille exemplaires et plus.

Bien que les cas répertoriés soient plutôt rares, vous devez savoir qu'il est possible que des enfants soient victimes du ténia cucurbitin. En jouant avec le chien, ils peuvent avaler une puce de chien et, si elle est porteuse de germes, être atteints. La meilleure prévention demeure la propreté; l'utilisation de poudres insecticides est conseillée. Adressez-vous au vétérinaire sans tarder, si vous voyez que vous n'obtenez aucun résultat positif.

Un chien infesté par ce ver passera de la constipation à la diarrhée; il aura de fréquents vomissements; il sera triste et aura le regard trouble; son pelage deviendra mat; il aura toujours soif et maigrira; puis il aura des attaques semblables à des crises d'épilepsie.

La preuve définitive sera la présence de proglottis (anneaux du ver) dans les selles du chien. Administrez un purgatif à votre chien et vous les verrez facilement à l'oeil nu; vous remarquerez leur forme et leur couleur qui sont caractéristiques.

Pour débarrasser définitivement votre chien des ténias, il vous faudra agir radicalement. La guérison exige l'élimination totale des parasites. Sachez qu'il suffit d'une seule tête pour donner vie à une autre série de segments, et tous vos efforts auront été inutiles. Vous ne pourrez pas l'en débarrasser à l'aide d'un poison; il ne les tuerait pas, mais les endormirait seulement car ils sont très résistants. Demandez conseil à votre vétérinaire afin qu'il vous indique quelle purge lui donner, des ténifuges ou des anthelminthiques.

Pour soigner votre compagnon, donnez-lui un laxatif pour libérer son intestin ou faites-lui suivre un régime liquide. Le lendemain matin, commencez le traitement en lui faisant avaler une dose de vermifuge. Il est recommandé, en général, de lui donner de l'extrait éthéré de fougère mâle. Cela peut être présenté en capsules gélatineuses et être dilué dans une infusion de camomille. Pour le Boxer, une dose de cinq grammes est prescrite, en fonction de la taille du chien. Votre vétérinaire vous indiquera avec précision quel remède fera le plus d'effet et sera le mieux toléré par votre Boxer.

Le ténia échinocoque

Le ténia échinocoque est le parasite le plus dangereux pour l'homme. Il est petit et ne mesure qu'environ cinq millimètres. Il vit dans les viscères des porcs et des bovins. Il est composé de trois à quatre anneaux. Afin de ne pas être contaminé, vous devrez prendre diverses précautions; ne le laissez pas, même par jeu, manger dans votre assiette, ne buvez pas l'eau qu'il a touchée, ne le laissez pas lécher votre visage et vos mains.

Les légumes doivent être minutieusement lavés; lorsqu'ils sont sales, ils peuvent porter des oeufs qui seront expulsés avec les selles du chien. Si le chien absorbe ces oeufs, ils s'ouvriront dans son estomac, et les larves atteindront des parties vitales du corps et formeront des kystes hydatiques, responsables d'une maladie dénommée échinocose.

Heureusement, grâce aux contrôles sérieux qui se font à présent dans les abattoirs et qui prévoient la destruction des viscères des bêtes porteuses de ténias, la propagation a été fortement réduite. Par conséquent, il y a de moins en moins de chiens qui sont victimes de ténias. Ce qui ne doit pas vous empêcher de prendre toutes les mesures d'hygiène nécessaires, car cette maladie entraîne plusieurs complications et est difficilement guérissable. N'achetez pas de viande dont vous ignorez l'origine. Il est préférable de ne s'approvisionner que de viandes contrôlées par des institutions sanitaires.

Le ténia margine

Le ténia margine passe de l'état d'oeuf à celui de larve dans l'estomac des porcs et des moutons.

Il s'agit du plus gros ténia qui puisse contaminer votre chien; il peut atteindre deux mètres (six pieds et demi).

Le ténia cénure

La larve du ténia cénure se développe dans le cerveau des boeufs et des moutons. Ce qui a été dit pour les autres variétés de ténias est aussi valable pour celui-ci.

Les oxyures

Dans la plupart des cas, ces vers se développent dans le rectum du chien. Ils sont très petits et n'ont jamais plus de quelques millimètres de longueur. Ils ressemblent aux ascaris. Ils se multiplient rapidement et peuvent parfois s'introduire dans l'intestin du Boxer. Votre chien souffrira d'une forte démangeaison anale; il deviendra nerveux et traînera son derrière par terre en tenant ses pattes postérieures soulevées.

Faites-lui des lavements à base d'eau savonneuse qui provoqueront l'expulsion de l'oxyure. Votre vétérinaire prescrira, en plus, des médicaments semblables à ceux prescrits contre les ascaris.

La médication lui sera donnée le matin avant le déjeuner, pendant deux ou trois jours. Terminez le traitement par une purge huileuse que vous administrerez trois heures après l'absorption du dernier médicament.

Les affections des yeux

Il est bon de rappeler quelles sont les parties externes de l'oeil. La cornée est l'enveloppe transparente centrale qui recouvre la pupille et l'iris; la sclérotique est la partie blanche de l'oeil, et la conjonctive est la membrane transparente qui recouvre la sclérotique et tapisse les paupières.

La conjonctivite

Il s'agit de l'inflammation de la conjonctive qui devient rouge et gonflée. L'inflammation pourra être aiguë, chronique, catarrhale ou purulente. Pour traiter une conjonctivite, lavez l'oeil atteint avec une solution boriquée en enlevant, si nécessaire, le pus à l'aide d'un tampon de gaze trempé dans de l'eau bouillie et tiède. Enlevez éventuellement, avec une pincette, les cils qui auraient pu pénétrer dans l'oeil. Si des poils gênent, coupez-les avec des ciseaux. Appliquez du collyre antibiotique toutes les deux heures et une pommade à base de sulfamides et d'antibiotiques pendant deux à trois nuits de suite. Espacez la médication au fur et à mesure que le Boxer guérit. Gardez l'animal à l'abri de la lumière, au repos et dans un endroit où il ne sera pas dérangé. En l'éloignant des sources de lumière, vous éviterez une inflammation renouvelée.

L'entropion

Cette maladie se caractérise par le renversement des paupières en dedans, contre la conjonctive. Les cils irriteront la conjonctive et provoqueront l'apparition d'une conjonctivite ou d'une kératite. La cornée sera ulcérée. Dans la plupart des cas, l'entropion est congénital. Adressez-vous à votre vétérinaire: il aidera votre compagnon en pratiquant une intervention chirurgicale.

La kératite

Il s'agit de l'inflammation de la cornée. Elle se traduit par une opacité partielle ou totale de la cornée. Lavez très soigneusement l'oeil avec une solution boriquée. Appliquez localement une pommade ophtalmique à l'oxyde jaune de mercure ainsi qu'une pommade antibiotique.

L'ulcère de la cornée

L'ulcère de la cornée est la maladie de l'oeil la plus grave. Elle se caractérise par l'opacité de la cornée et la rugosité de surface. Vous décèlerez ces symptômes en regardant l'oeil obliquement sous une lumière assez forte. Vous verrez une auréole grise autour de l'ulcère. Cette auréole peut s'étendre à toute la cornée à l'iris de l'oeil.

Pour les *petits ulcères* d'environ un millimètre de long, donnez-lui des gouttes antibiotiques toutes les trois heures et frottez l'ulcère avec une pommade à base d'antibiotiques trois fois par jour.

Les *grands ulcères* sont accompagnés d'un rétrécissement de la pupille. Administrez-lui quelques gouttes d'atropine une fois par jour, mais seulement après que votre vétérinaire vous en ait prescrit la dose exacte. Ce médicament devra être employé avec prudence afin que votre Boxer n'en avale pas; ces gouttes sont très toxiques. Donnez-lui également des gouttes d'un liquide antibiotique toutes les deux heures et appliquez une pommade antibiotique le soir avant que votre chien n'aille dormir.

Les ulcères très graves peuvent couvrir un tiers et même plus de la cornée tout en provoquant un rétrécissement de la pupille et la formation de pus. Vous devez appliquer des gouttes d'atropine trois fois par jour et des compresses d'eau froide distillée mélangée à quelques gouttes antibiotiques, pendant environ quinze minutes toutes les deux heures et demie. Vous administrerez, en même temps, des gouttes antibiotiques toutes les heures et demie. S'il n'y a pas d'amélioration, adressez-vous à votre vétérinaire qui prendra en charge votre chien et agira au mieux pour le remettre sur pattes, au plus tôt, à votre grande joie.

La blépharite

Il s'agit de l'inflammation des paupières provoquée le plus souvent par un facteur externe et traumatisant comme par exemple une piqûre d'épine, d'insecte ou une blessure. Nettoyez bien l'oeil avec une solution boriquée à 3 pour 100. Appliquez des compresses ni trop chaudes ni trop froides de camomille pendant environ un quart d'heure. Pour terminer, appliquez une pommade antiseptique sédative à usage ophtalmique.

Le glaucome

Cette maladie se caractérise par la dilatation de la pupille, l'opacité de la cornée et le durcissement du globe. Pour guérir votre Boxer vous devrez le faire hospitaliser. La guérison est, nous devons le dire, fort problématique.

La dégénérescence du pigment de la cornée

Il n'y a aucun traitement pour cette maladie. Il s'agit de l'infiltration d'un pigment brun et noir qui peut recouvrir une partie ou toute la surface de la cornée, comme s'il y avait une membrane qui faisait le tour du globe oculaire.

L'ulcère chronique

L'ulcère chronique se manifeste sans infection ni pus interne. Soignez le chien avec des gouttes et une pommade à base d'antibiotiques et de cortisone. Mettez les gouttes le matin, et la pommade le soir.

Il est très important de ne pas employer les gouttes et la pommade à base d'antibiotiques si l'ulcère est infecté. Vous ne feriez qu'aggraver l'infection en empêchant les mécanismes naturels de défense du chien d'agir.

La cataracte

Cette maladie touche principalement les chiens âgés. Elle peut également se manifester à la suite d'un traumatisme violent dû à une intoxication ou à d'autres maladies, comme le diabète par exemple. Les symptômes de la cataracte sont facilement repérables: la pupille, qui est normalement noire, devient blanche ou grise. Le traitement ne permettra pas, en général, de guérir votre Boxer, il ne pourra qu'arrêter l'évolution de la lésion. On fait actuellement des essais pour instaurer les techniques employées pour les humains: mais, même si l'opération réussit, on peut se heurter à des problèmes postopératoires et à l'impossibilité de remédier à l'absence de cristallin par des lentilles.

Les maladies de l'oreille

Il est conseillé de peigner soigneusement les oreilles du chien qui peuvent retenir toutes sortes de parasites. Prenez également le temps de vous occuper du pavillon du conduit auditif. Servez-vous de cure-oreilles et d'un produit antiparasitaire, anti-inflammatoire et antibiotique disponible sur le marché.

L'otite externe

Il s'agit de l'inflammation du conduit auditif causée par le cérumen, la saleté ou par l'introduction d'un corps étranger.

L'otite interne

L'otite interne est plutôt rare, et il vous sera difficile de la distinguer de l'otite moyenne. Les principaux symptômes sont la fièvre, des troubles d'équilibre, une certaine surdité, une grande nervosité et des vertiges.

L'otite moyenne

L'otite moyenne est l'inflammation de la caisse du tympan provoquée par la présence d'un corps étranger ou par des lésions traumatiques. L'otite moyenne apparaît souvent à la suite des complications d'une otite externe.

L'otite parasitaire

Comme la gale, cette maladie est provoquée par la présence d'un parasite du même genre que l'acarien. Ce parasite, le *symbiotes auricularе*, se fige dans le conduit auditif. Il sera nécessaire de faire un examen microscopique pour être certain du diagnostic. Un Boxer atteint d'une otite parasitaire se gratte énergiquement, secoue la tête et est parfois sujet à de véritables crises nerveuses.

Traitement général des différentes otites

Assurez-vous de manière préventive de la propreté du conduit auditif. Quand une otite moyenne se déclare et qu'elle est purulente, faites des instillations (goutte à goutte) d'antibiotiques et de sédatifs. Quand il s'agit d'une otite parasitaire, nettoyez d'abord l'oreille et ensuite soignez-la avec les médicaments prescrits pour la gale. Il peut s'avérer nécessaire d'ajouter au traitement local un traitement général à base de sulfamides.

L'ulcère du pavillon

L'ulcère du pavillon se manifeste par de petites blessures sur le bord extérieur de l'oreille. Soignez votre chien avec des poudres cicatrisantes et avec des solutions désinfectantes. Bandez son oreille afin qu'il ne fasse pas d'hémorragie.

Les affections de la peau

Les affections cutanées ne sont pas toujours très belles à voir. La santé de votre Boxer vous étant précieuse, vous aurez à coeur de soigner ces maladies avec courage.

La gale rouge

La gale rouge est causée par un parasite dénommé *demodex folliculorum*. Ce parasite a la forme d'une chenille. Il vit dans le système pileux. On le retrouve dans les follicules du chien en bonne santé, mais il n'est pas dangereux tant que les conditions nécessaires à sa prolifération ne sont pas réunies.

La gale rouge est une maladie grave. Elle touche principalement les chiots et les jeunes chiens, même dans les conditions d'hygiène les plus efficaces. Il s'agit d'une maladie fréquente pendant la convalescence d'un chien qui a été atteint de la gourme (voir plus loin). Elle est probablement provoquée par la faiblesse du chien. Il n'y a pas de risque de contagion entre un chien malade et un chien bien portant.

L'apparition de petites plaques dues à la chute des poils est le premier symptôme de la gale rouge. Si la maladie s'aggrave, la chute de poils s'étendra aux autres parties du corps. Vous reconnaîtrez aisément la maladie en observant la couleur rougeâtre de la peau. Au fur et à mesure du développement de la maladie sur les autres parties du corps, vous remarquerez que la peau deviendra sèche et calleuse. N'attendez pas que votre Boxer soit recouvert de pustules dues à la formation d'abcès dans les follicules du poil: arrivée à ce stade final, la maladie ne pourrait avoir qu'une issue fatale.

Il se pourrait qu'une guérison soit possible; si votre chien est résistant, il vaincra la maladie. Votre Boxer pourra être sauvé si vous lui prodiguez les soins nécessaires rapidement, dès le début de la maladie. Si la gale rouge se répand, les complications s'amasseront et il sera alors plus difficile et plus long de guérir votre chien. Adressez-vous au vétérinaire qui vous indiquera ce que vous devez faire. Il existe plusieurs soins possibles, et les dernières découvertes pharmaceutiques permettent des soins de plus en plus adaptés à cette maladie.

La gale sarcoptique

Les démangeaisons sont les premiers symptômes de la gale sarcoptique. Le Boxer se grattera très fort, ce qui causera des lésions de la peau. Le ver de cette maladie ressemble à celui provoquant la gale chez l'homme. De fait, le chien peut transmettre sa maladie à l'homme, ce qui est néanmoins très rare; si cela devait arriver, ne vous effrayez pas, elle se guérit rapidement et facilement. Comme pour toutes les autres maladies, observez attentivement les règles d'hygiène et de désinfection quand vous soignerez votre chien pour la gale sarcoptique, car il y a toujours un risque de contamination.

Comme dans la gale rouge, vous remarquerez de petites taches rouges qui s'étendront, en commençant par la tête, aux autres parties du corps du chien. Le poil tombera, et les ampoules qui se formeront deviendront des croûtes en éclatant. Une odeur fort désagréable, due à l'aggravation de la maladie, enveloppera le malade; cette odeur provient du liquide séreux qui se libère des petites plaies. La gale sarcoptique peut être fatale si le corps du chien se couvre de lésions. N'attendez pas ce moment et adressez-vous au vétérinaire afin qu'il fasse un examen microscopique pour savoir si le parasite de la gale dénommé *sarcoptes scabiei* est bien celui qu'il faut combattre.

Le parasite vit dans la peau du chien et se multiplie très vite. En ce qui concerne les soins à donner, adressez-vous au vétérinaire afin qu'il prescrive un remède antipsorique. Ce médicament est efficace lorsqu'il n'y a pas de problèmes spéciaux qui interviennent. Pour appliquer la pommade, rasez les poils autour des lésions; vous augmenterez ainsi l'efficacité des bains. Votre Boxer pourrait être tenté de lécher. Il est inutile de placer l'animal dans un environnement chaud. Les parasites de cette maladie ont une attirance naturelle vers la surface de la peau.

L'eczéma

Faites attention pour ne pas confondre l'eczéma avec la gale sarcoptique. Un examen microscopique des croûtes cutanées permet de les distinguer: le *sarcoptes scabiei* est facilement identifiable s'il s'agit d'un cas de gale. L'eczéma se déclare souvent à la suite d'une intoxication gastro-intestinale. L'inflammation de la peau entraîne de fortes démangeaisons. Le Boxer se grattera jusqu'à ce que cela provoque des lésions.

Un mauvais fonctionnement de l'intestin (la constipation) ou des reins peut aussi provoquer de l'eczéma chez les chiens âgés. Parmi les nombreuses causes de cette maladie, rappelons aussi l'usage prolongé de bromure ou d'iodure, les piqûres d'insectes et un manque de propreté.

Il faut distinguer deux formes d'eczéma: aiguë et chronique.

La *forme aiguë* se distingue par de petites taches rouges et des papules, emplies d'un liquide séreux à mauvaise odeur qui coule lorsqu'elles se percent. Cette forme d'eczéma provoque des démangeaisons, et l'animal se gratte avec ses pattes ou contre tout corps étranger qui est sur son passage. Ces grattements contribuent évidemment à former des lésions de la peau et même des plaies purulentes. Le chien peut avoir de l'eczéma entre les doigts de pieds, il s'agit d'"intertrigo". Votre chien boitera, et vous observerez la formation de pustules comme dans la forme humide.

La forme aiguë est suivie de la *forme chronique* qui touche, surtout chez les chiens âgés, les oreilles, les quatre membres et la peau autour des yeux. Le Boxer perdra ses poils, sa peau deviendra sèche et il aura des démangeaisons.

Adressez-vous au vétérinaire pour avoir un diagnostic plus sûr, basé sur un examen au microscope.

La guérison se fera par un traitement facile, mais il y aura toujours la possibilité que votre chien attrape à nouveau cette maladie. Pour l'eczéma humide, vous devrez vous servir de poudre comme traitement. Les pommades à base d'ichtyol et d'acide salicylique sont prescrites pour la forme chronique.

Diverses maladies

La maladie de Carré (*Distemper*)

Il s'agit d'une maladie très grave. Les difficultés du traitement ainsi que la fréquence des apparitions de cette maladie, qui se transforme généralement en épidémie, devront vous mettre en alerte quand vous en observerez les symptômes.

C'est entre six mois et un an que les chiens sont les plus frappés par la maladie. Elle n'épargne néanmoins pas les chiens adultes; même les chats peuvent être contaminés.

Il semblerait que cette maladie se transmette par les urines des chiens déjà atteints: nous ne vous apprendrons rien en vous rappelant qu'il n'existe pas de chiens qui puissent s'empêcher de renifler les urines de leurs congénères. Si votre chien prend son repas avec un chien déjà atteint par la maladie ou s'il touche à des objets déjà contaminés, il peut aussi être contaminé. Une épidémie de *Distemper* est très difficile à enrayer, car les germes résistent aux antiseptiques.

À titre de prévention, en élevant votre chiot, évitez de l'exposer à l'humidité et aux changements brusques de température, principalement du chaud au froid. Veillez à la propreté de son "coin" et à son alimentation.

Vous remarquerez aisément les symptômes avant-coureurs de la maladie: une certaine fatigue, un manque d'appétit prononcé, un amaigrissement, des éternuements, des yeux chassieux et des attaques convulsives. Ne lui administrez pas n'importe quel remède: consultez plutôt un vétérinaire afin qu'il fasse un diagnostic sérieux qui pourra sauver votre chien.

Vous remarquerez, chez le chien atteint, la formation de petites pustules sur la peau de son ventre et à l'intérieur de ses cuisses, après l'apparition de petites taches rouges. Les pustules éclateront quand le chien se grattera, et des croûtes, semblables à celles de l'eczéma, se formeront. Les croûtes disparaîtront assez rapidement.

Isolez immédiatement le chien qui a la maladie dans un endroit peu éclairé. Surveillez son alimentation. Donnez-lui des œufs, du lait, du sucre et d'autres aliments consistants. Lavez-lui les yeux et le nez aussi souvent que nécessaire; restez près de lui et assistez-le moralement; il en a besoin.

Il en existe plusieurs formes. S'il s'agit d'une forme bénigne, votre vétérinaire réussira certainement à le guérir, mais l'animal devra être surveillé attentivement lors de sa convalescence afin qu'il ne fasse pas de rechute. Mais la forme nerveuse est la plus dangereuse; le chien aura des crampes, des spasmes et sera atteint de paralysies qui auront une issue fatale. Dans un cas pareil, faites-vous conseilseiller par votre vétérinaire: en effet, si votre compagnon souffre atrocement, il vous conseillera peut-être de mettre fin à ses jours afin de lui éviter des souffrances inutiles.

Si les parasites qui se trouvent dans l'intestin du chien affaiblissent l'organisme, il n'est pas prouvé qu'il existe une relation entre la présence de ces vers et l'apparition de la maladie. Encore une fois, ne choisissez pas vous-même la médication: consultez votre vétérinaire.

Voici une liste des différentes formes de la maladie et de leurs manifestations afin que vous puissiez faire un rapport aussi exact que possible au vétérinaire.

La *forme commune* a une période d'incubation pendant laquelle le germe se développe et intoxique l'organisme. La température montera à 40 °C et sera accompagnée des symptômes généraux de la maladie.

La *forme cutanée* n'est pas grave. Elle reste bénigne dans son évolution et quand les petites pustules guérissent (spontanément), elles deviennent des plaies et se cicatrisent sans problème.

La forme la plus rare a pour nom *la maladie de Stuttgart*. Le chien aura des vomissements, des déjections avec du sang, une température élevée et il ressentira une faiblesse générale. La dernière phase de la maladie de Stuttgart est l'inflammation de l'intérieur de la gueule. Le Boxer n'y survivra qu'environ quarante-huit heures.

La *forme oculaire* se manifeste par l'inflammation des yeux suivie rapidement de la formation de croûtes qui empêchent les cils de se détacher. La cornée s'enflamme et se voile. Il y a, à ce moment-là, un danger que votre compagnon devienne aveugle. L'inflammation se développe et touche la peau qui entoure l'oeil; on peut alors remarquer une espèce d'épilation qui donne une expression étonnante à votre chien, comme s'il portait des lunettes. On peut, dans cette phase, lui laver les yeux avec une solution d'acide borique.

La *forme respiratoire* est assez fréquente. Votre chien éternuera, toussera, et sa respiration sera rendue difficile du fait que les orifices de ses narines seront bouchés par un liquide. Cette sécrétion provoquera une inflammation de la muqueuse nasale qui s'ulcérera. On remarquera des traces de sang dans l'écoulement nasal, qui deviendra par la suite purulent. La température montera jusqu'à 41°C, et une bronchite suivra. Le stade final sera une broncho-pneumonie, une pleuro-pneumonie ou une pleurésie.

La *forme intestinale* se remarque lorsque votre chien a plus soif que d'habitude tout en manifestant un manque d'appétit. Il vomira de plus en plus de liquides qui deviendront rapidement malodorants; il deviendra nerveux. Dès que vous remarquerez ces symptômes, appelez immédiatement le vétérinaire. Ce n'est que si vous agissez rapidement que votre Boxer pourra être soigné et sauvé.

Comme vous aurez pu le remarquer, toutes les formes peuvent être contrôlées lorsqu'elles sont traitées à temps. Mais si vous vous y prenez trop tard, les centres nerveux peuvent déjà avoir été atteints:

votre chien aura alors des crises épileptiques, sera atteint de paralysie et d'autres symptômes qui le condamneront.

Surveillez attentivement tous les stades de sa guérison parce qu'il arrive souvent que, suite à la maladie, votre chien souffre de complications pulmonaires, en attrapant une pleurésie ou une pneumonie, ou les deux à la fois.

En résumé, la maladie de Carré est difficile à détecter, et les rechutes sont toujours possibles. Environnez le chien malade d'une propreté sans failles, isolez-le et alimentez-le convenablement. Ce sont là les meilleures règles à suivre. Et encore: n'agissez pas sans les conseils et la surveillance de votre vétérinaire.

La gastro-entérite

La gastro-entérite est liée à une mauvaise alimentation, à un manque de propreté ou à l'ingestion d'aliments avariés. Si l'estomac est atteint, le chien aura une mauvaise haleine, un manque d'appétit aggravé par des vomissements incessants, rejetant même l'eau nécessaire pour étancher sa soif et il sera très déprimé. Quand il s'agit de l'intestin, le chien aura de fortes diarrhées et une fièvre pouvant atteindre 41°C provoquant des entérites dysentériques. La gastro-entérite n'est pas une maladie qui dure longtemps, mais elle peut être fatale. Lorsqu'elle devient chronique, le traitement est très long.

Dès que vous remarquerez que votre Boxer est atteint de cette maladie, mettez-le au repos complet et faites-le jeûner pendant au moins une journée. Donnez-lui, pour calmer sa soif, un glaçon, ou un peu d'eau minérale (non gazéifiée avec quelques gouttes de jus de citron), en alternance avec du jus d'orange ou du thé. En général, votre chien refusera toute nourriture, mais essayez de lui faire avaler une tasse de bouillon ou d'eau de riz. S'il n'y a pas d'amélioration, adressez-vous au vétérinaire qui prescrira des injections de cardiotonique et des solutions glucosées.

La tuberculose

Cette maladie peut toucher autant l'homme que le chien. Le chien pourra être contaminé par l'homme, en mangeant par exemple les restes de son repas. Vous lui aurez certainement appris lors du dressage à ne pas accepter de nourriture d'un étranger et à ne pas se nourrir de déchets dont il ne connaît pas l'origine.

La tuberculose est une maladie qui dure longtemps et qui devient souvent chronique. Le Boxer maigrira au fur et à mesure de la progression de la maladie: il perdra ensuite complètement l'appétit. Vous remarquerez une diminution considérable ou même la disparition de sa volonté. Sa température sera un peu plus élevée qu'à la normale. En général, vous ne devrez vous adresser au vétérinaire que quand les symptômes deviendront plus graves: une respiration saccadée et plus rapide, des muqueuses très pâles, un amaigrissement et de la fatigue.

Il existe deux formes de tuberculose. La *tuberculose pulmonaire* se caractérise par une toux, un écoulement de pus du nez et par une pleurésie accompagnée de fortes transpirations. La *tuberculose abdominale* se caractérise par un grossissement de la région du ventre, de la diarrhée, un épanchement de liquide aqueux dans les parois intérieures de l'abdomen et un manque d'appétit.

Au début de la maladie, la température est d'environ 39,5°C. Ensuite, elle atteint parfois plus de 40°C. La tuberculose est difficilement détectable et peut aisément être confondue avec d'autres maladies reliées au système respiratoire ou au système gastro-intestinal. L'indice le plus sûr pour savoir si votre Boxer est atteint de tuberculose sera sa maigreur inhabituelle, l'apparition de creusements sur son crâne et la réduction de ses muscles.

Afin d'être certain que votre chien est vraiment atteint de tuberculose, demandez à votre vétérinaire d'effectuer un examen microscopique pour identifier le bacille de Koch. Ce bacille peut être repéré dans le liquide du nez et dans le liquide péritonal. Il n'est jamais certain de pouvoir guérir votre chien; le traitement est long et difficile. Les souffrances de votre compagnon vous feront peut-être prendre une décision radicale afin de les abréger.

Le coryza

Cette maladie est également appelée rhinite catarrhale. Le coryza est une simple inflammation de la muqueuse qui provoque une grippe que l'on compare parfois à un simple rhume. Observez bien votre chien pour ne pas confondre le coryza avec la gourme: leurs symptômes se ressemblent. Cette maladie se manifeste par des éternuements répétés, une sécrétion nasale aqueuse qui devient purulente par la suite. Les causes principales du coryza sont les changements brusques de température accompagnés d'une hausse d'humidité et de froid. Gardez votre Boxer bien au chaud.

Traitez l'infection avec une préparation salicylique et des inhalations à base d'essence de térébenthine que vous verserez, goutte par goutte, dans une cuvette remplie d'eau bouillante. Rendez votre compagnon compréhensif en lui parlant doucement, il est plus que probable qu'il n'aimera pas le traitement...

La constipation

Une alimentation mal équilibrée et le manque d'exercices peuvent constiper votre chien. Faites-lui absorber de l'huile de vaseline ou de l'huile d'olive, mais n'employez pas de purge ou des laxatifs qui ne pourraient qu'aggraver le mal en irritant la muqueuse intestinale.

L'épilepsie

Les causes de l'épilepsie sont multiples. Elle se manifeste surtout chez le chien âgé et elle prend, dans ce cas, une forme nerveuse chronique. L'*épilepsie chronique* est héréditaire et touche le système nerveux, et plus précisément le cerveau, sans qu'on y retrouve de lésions.

Les attaques épileptiques sont imprévisibles: elles peuvent être fréquentes ou être espacées par de longs intervalles. Elles peuvent être causées par une peur soudaine ou par une excitation trop forte. Lors d'une attaque, votre Boxer tombera en agitant convulsivement les pattes. Son cou se repliera en arrière, il roulera des yeux, et sa gueule sera pleine de bave; ses pupilles seront très dilatées et totalement insensibles à la lumière.

Ne confondez pas cette forme d'épilepsie avec l'*épilepsie réflexe* provoquée par des vers intestinaux ou la constipation. Celle-ci n'est pas dangereuse et disparaît avec sa cause. Votre vétérinaire vous aidera à les distinguer.

Il n'existe pas de médicaments qui puissent véritablement guérir un chien atteint d'épilepsie chronique. Certains traitements peuvent atténuer et réduire les attaques. Votre vétérinaire vous conseillera des calmants pour atténuer les crises, probablement des médicaments à base de bromure, sédatifs par excellence. Le chloral hydraté et le luminal peuvent également lui être administrés.

La bronchite

La bronchite peut s'attraper par temps humide ou froid. Elle peut aussi être la complication d'un rhume. Vous remarquerez un échauffement de la truffe, une respiration difficile, une toux sèche et des yeux rouges et larmoyants.

Vous laisserez votre compagnon se reposer dans un lieu protégé des changements de température et des courants d'air, tout en lui donnant des sirops balsamiques et antibiotiques. Diminuez ses rations alimentaires. Lors de sa convalescence, donnez-lui des nourritures vitaminées et des fortifiants pour qu'il puisse rapidement se remettre sur pattes et jouir de la vie.

La dysenterie

Si vous remarquez qu'une diarrhée s'aggrave par des décharges liquides et des vomissements, il s'agira sûrement de dysenterie. Mettez votre Boxer au régime en commençant par le faire jeûner pendant vingt-quatre heures. Consultez votre vétérinaire afin qu'il prescrive une diète pour que votre chien se débarrasse de cette maladie.

L'obésité

L'obésité est un excédent de poids qui se trouve ainsi au-dessus de la normale. Le Boxer, selon son tempérament, peut être porté ou non à devenir obèse. S'il court et bouge continuellement, il ne le sera pas; par contre s'il est d'une nature nonchalante et même paresseuse, il y a de fortes chances pour qu'il le devienne si vous ne prenez pas certaines précautions. Une vie sédentaire et une nourriture trop abondante, surtout s'il est âgé, favorisent l'obésité chez cet animal. Si votre chien a tendance à grossir, diminuez sa ration alimentaire; évitez surtout de lui donner du pain, des pâtes, tout ce qui est sucré et évidemment des aliments gras. Faites-le jeûner une fois par semaine. Ces précautions ajoutées à des promenades et des exercices quotidiens lui permettront de retrouver une ligne compatible avec sa race.

Les rhumatismes

On connaît mal les raisons des affections rhumatismales qui atteignent les articulations et les muscles. Plusieurs théories sont avancées: elles pourraient être propagées par un virus; elles pourraient également provenir des suites d'allergie ou d'uricémie. Le Boxer est fragile des articulations; vous devrez donc le surveiller attentivement.

Étant donné que ce sont surtout les chiens adultes qui en sont atteints, on suppose que le mal est lié à l'âge ou au manque d'exercices. Les rhumatismes se logent surtout dans les muscles, le dos, les reins et le cou. Le traitement est simple: appliquez des doses de salicylate de sodium et faites-lui avaler de petites doses d'aspirine. Gardez votre chien bien au chaud.

Le diabète

Il y a deux sortes de diabète: le diabète mélitus et le diabète insipide. Le *diabète mélitus* provient d'une grande perturbation du métabolisme du chien: en effet, son pancréas ralentit ou cesse complètement la fabrication de l'insuline; au lieu de nourrir les tissus, le sucre est alors éliminé dans les urines. Votre chien pourra continuer à avoir de l'appétit, mais s'affaiblira au fur et à mesure que la maladie évoluera. Il aura de plus en plus faim et soif. La quantité d'urine éliminée augmentera sensiblement. La peau deviendra sensible aux infections et aux lésions qui se cicatriseront plus lentement et plus difficilement.

Votre vétérinaire prescrira des piqûres journalières d'insuline à dose variable selon la taille et le poids de l'animal. Vous devrez éviter de lui donner des farineux et des aliments sucrés quels qu'ils soient. Si vous ne traitez pas le diabète, votre chien entrera dans le coma diabétique qui précède la mort.

Le *diabète insipide* provient de lésions des centres nerveux ou des suites d'une autre maladie qui l'aura affaibli. Son urine sera abondante et claire, il maigrira progressivement et il aura une grande soif jamais étanchée. Il s'affaiblira et aura de très longues périodes de somnolence. Votre vétérinaire lui prescrira des toniques et de petites doses de stéroïde. Armez-vous de beaucoup de patience, le traitement sera très long.

Le tétanos

Cette maladie est due au développement dans une plaie du bacille de Nicolaier. Le tétanos est plutôt rare chez le chien, mais vous devrez surveiller les plaies souillées de fumier, de terre ou d'autres éléments. Dans ce cas, faites faire une injection de sérum antitétanique. Vous pouvez d'ailleurs, pour être tout à fait tranquille, le faire vacciner par votre vétérinaire avec de l'anatoxine antitétanique découverte par le bactériologiste Ramon.

La rage

Cette terrible maladie, jusqu'à la découverte du sérum antirabique par Pasteur, était le cauchemar de tous les propriétaires d'animaux. Cette maladie, bien qu'elle ne soit pas totalement enrayée, est maintenant contrôlée, et il est possible d'immuniser votre chien. Néanmoins, il est absolument nécessaire que vous en connaissiez les symptômes si elle se manifestait.

Un des premiers symptômes de la rage est le besoin de solitude de votre chien. Il ne sera cependant pas déterminant puisque ce besoin est aussi le symptôme d'autres maladies. L'inverse peut d'ailleurs se produire: votre chien peut aussi devenir soudainement joyeux. Il faut distinguer la rage furieuse et la rage muette. S'il a la *rage furieuse*, le chien aboie et mord; il devient furieux et menaçant, il voudra mordre les personnes et les objets, au risque de se briser les dents. S'il a la *rage muette*, il restera calme sans aboyer, mais il aura toujours la gueule ouverte; il deviendra insensible à la douleur.

Dans les deux cas, il s'éloignera instinctivement de la maison, et vous ne le reverrez pas avant deux ou trois jours. Pendant ce temps, il errera en se nourrissant de pierres, de clous, de chiffons, des choses les plus répugnantes et les rejettera mêlées à du sang. Il cherchera à boire, tourmenté par la soif. Il ne reviendra dans la maison de son maître que pour y mourir. Il aura aussi des hallucinations: il croira voir des personnes et des objets qui n'existent que dans son imagination malade. Ses paupières s'abaisseront, et il aura le regard embué et fuyant. Il tentera de se gratter la gorge comme s'il avait avalé quelque chose. La paralysie commencera par les membres postérieurs, puis se développera dans tout le corps.

Ne confondez pas la rage avec une attaque épileptique. Pendant une crise d'épilepsie, le chien aura également des convulsions, de l'écume aux lèvres, mais cela ne dure que quelques minutes et n'a rien à voir avec la rage. Votre vétérinaire, après un examen scrupuleux, pourra diagnostiquer, en deux jours, si votre chien est atteint ou non de la rage.

Si vous êtes mordu par un chien qui semble avoir la rage, vous devrez avoir recours au traitement préventif selon la méthode Pasteur. Il vaut mieux prévenir que de risquer une infection. Il faut immédiatement désinfecter la blessure. En règle générale, n'approchez pas les chiens que vous ne connaissez pas ou que vous croyez atteints de la rage, surtout s'ils ont des déchirures à la gueule.

La nervosité excessive

Si votre chien ne dort plus, aboie continuellement et devient agressif tout en ayant l'air en bonne santé, vous devrez le faire soigner pour des troubles d'ordre psychologique. Ces troubles peuvent intervenir lors d'un voyage, d'un déménagement ou lors de l'achat de votre Boxer. Administrez-lui un sédatif. Si ces troubles dégénèrent en convulsions ou en crises nerveuses graves, adressez-vous au vétérinaire sans tarder.

Les maladies de la femelle

La grossesse nerveuse

Le Boxer femelle pourra se comporter comme si elle était enceinte sans avoir eu de rapport avec un mâle. Elle oubliera de se nourrir, elle gémira et se mettra à préparer une couche pour les soi-disant nouveau-nés. Même ses mamelles pourront gonfler. La grossesse nerveuse est tout de même peu courante. Il est rare qu'elle se reproduise, mais si c'est le cas, adressez-vous au vétérinaire qui décidera, avec vous, s'il y a lieu de faire l'ablation des ovaires et de l'utérus.

Les kystes ovariens

Les kystes ovariens sont plutôt rares chez la chienne parce que les follicules restent liquides. Mais si néanmoins elle en est atteinte, votre chienne sera en chaleur de façon permanente et elle ne pourra probablement pas procréer. Le vétérinaire devra pratiquer l'ablation des ovaires et de l'utérus pour la guérir.

L'éclampsie

Quand la chienne est prête à mettre bas, et encore plus souvent après la naissance de ses chiots, elle peut avoir une crise semblable à une attaque d'épilepsie. Elle se balance d'abord, puis tombe sur le côté; ses pattes deviennent raides et elle les lance dans le vide; elle commence à baver.

Tous ces symptômes peuvent disparaître comme ils sont venus, mais, comme il n'est pas possible de prévoir une récidive, il vous faudra appeler votre vétérinaire qui prescrira un calmant ou des sels de calcium en piqûres. Il décidera également s'il est bon de continuer l'allaitement des chiots; le surplus de calcium pourrait leur être néfaste.

La mammite

La mammite, ou mastite, est l'inflammation d'une ou plusieurs mamelles. Cette inflammation est causée par un coup, une infection bactériologique ou une congestion; elle provoque la lésion du téton. Ce sont souvent les petits qui en sont responsables, surtout si la mère n'a pas suffisamment de lait. La chienne s'éloigne alors des chiots puisqu'à chaque fois qu'ils tètent, elle sent une douleur provenant du tiraillement de ses mamelles. Le vétérinaire soignera votre Boxer avec des médicaments à base d'antibiotiques.

La vaginite

Au cours d'une saillie, le pénis du mâle peut causer des lésions au vagin provoquant ainsi une inflammation. La vaginite peut également survenir après la mise bas. Vous remarquerez, si votre chienne souffre de cette inflammation, qu'elle devient nerveuse et qu'elle perd du sang par la vulve. Le vétérinaire fera suivre à votre chienne un traitement antibiotique adéquat.

La métrite

La métrite est l'inflammation de l'utérus. Elle est due à des infections provenant d'une retenue des enveloppes foetales. Elle peut également survenir lors d'un accouchement. Vous remarquerez une sécrétion liquide malodorante et sanguinolente. La femelle perdra l'appétit, elle faiblira physiquement, perdra du lait, et sa température montera parfois jusqu'à plus de 40°C. Consultez aussitôt votre vétérinaire: il prescrira les médicaments appropriés ainsi que des antibiotiques qui feront baisser la fièvre.

La propreté de sa couche ainsi que celle de ses parties génitales, lorsque la chienne met bas, sont les meilleures préventions contre cette maladie.

La vulvite

Les causes de la vulvite sont les mêmes que celles de la vaginite. La partie externe du vagin, la vulve, s'enflamme. L'application d'une pommade à base d'antibiotiques devrait suffire.

Les maladies du mâle

L'altération du pénis

Deux cas peuvent se présenter: l'inflammation de l'extrémité du pénis provoquée par un traumatisme; la fracture de l'os pénien au cours d'un accouplement ou lors d'un choc contre un obstacle. Le vétérinaire, qui devra être immédiatement consulté, lui administrera des antibiotiques dans le cas de l'inflammation et aura recours à une intervention chirurgicale s'il y a fracture.

L'orchite

L'orchite est l'inflammation d'un ou des deux testicules de votre Boxer. Elle est presque toujours due à un coup reçu dans les parties génitales. Quelquefois, l'orchite peut se déclarer à cause de la présence de microbes.

Pour soulager votre chien, appliquez des compresses chaudes et humides imprégnées de sulfate de soude. Consultez votre vétérinaire s'il y a infection: il prescrira les antibiotiques appropriés.

La bonne conduite

Dressez votre Boxer pour qu'il devienne un bon chien de garde ou de compagnie.

Ses activités

Bien que les aptitudes particulières du Boxer en fassent un excellent chien de garde, il peut aussi être un excellent chien de compagnie. Il est robuste et peu sujet aux maladies sauf à celles que nous venons d'énumérer. Il est fort intelligent, et son caractère volontaire et affectueux sert son maître en toutes circonstances: il est d'une fidélité absolue. Son intelligence lui permettra d'assimiler facilement les leçons de dressage: vous aurez rarement à répéter un exercice.

Le Boxer aime servir son maître et considère sa propriété comme la sienne: il est un des meilleurs chiens de garde.

Vous le dresserez à vous rapporter des choses, à trottiner près de vous quand vous vous promenez, à venir à vous, à s'arrêter sur votre ordre, à s'asseoir, à se coucher, à ne pas bouger, etc.

En fait, le Boxer sera le fruit de votre dressage, et, si vous suivez bien toutes les règles, vous n'en retirerez que des satisfactions. Mais dressez-le seulement en fonction de ses capacités; si vous essayez de le dresser pour un travail qui n'est pas inscrit dans ses gènes, non seulement vous n'arriverez à rien, mais en plus vous le rendrez malheureux. Dressez-le uniquement à être un chien de garde ou de compagnie.

Soyez très affectueux avec votre Boxer et félicitez-le après chaque exploit. Complimentez-le et caressez-le plutôt que de lui donner une sucrerie qu'il ne dédaignerait pas, d'ailleurs. Une nourriture appropriée, des promenades et votre calme ainsi que votre sérénité lui donneront une forme mentale dont vous n'aurez qu'à vous réjouir.

Son dressage

Le début du dressage

Pour être un chien équilibré, votre Boxer a besoin d'être dressé convenablement. Vous remarquerez avec plaisir, une fois le dressage terminé, combien votre chien est fier d'accomplir ce que vous lui ordonnez. N'oubliez pas que votre Boxer est un chien joueur et qu'il devra comprendre le sérieux du dressage: il vous faudra, avant d'arriver au résultat final, parcourir avec lui un long chemin. Nous vous conseillons de vous faire aider par un dresseur professionnel, choisi avec discernement après avoir demandé conseil autour de vous. Les suggestions d'un éleveur, d'un dresseur ou d'un entraîneur devront être prises très au sérieux.

La première partie du dressage du Boxer vise à faire comprendre à l'animal les contraintes de la vie de tous les jours: comme ne pas aboyer quand vous le lui ordonnez, ne pas faire ses besoins là où cela ne lui est pas permis, savoir se tenir en laisse, ne pas voler, répondre à l'appel de son nom, marcher près de vous si vous le lui demandez, etc.

La deuxième partie du dressage amènera le Boxer à être physiquement et moralement mûr à obéir, à avoir un sens encore plus aigu de la protection. Cette phase du dressage débute lorsque votre Boxer a environ sept mois.

Le Boxer a besoin d'un maître, ne l'oubliez surtout pas. Il obéira à des personnes qui savent se faire respecter et lui donner des ordres clairs.

Si, lors du dressage, votre chien devient hargneux, sachez que vous en êtes responsable. Votre compagnon a besoin d'être dominé; prenez l'air sévère, donnez les ordres adéquats, mais restez toujours juste. Le Boxer a une très bonne mémoire. Un dresseur habile peut lui faire comprendre beaucoup de mots différents. On peut même arriver, grâce à son intelligence, à ce qu'il réponde par des gestes à certaines questions qu'on lui pose.

Ne compromettez pas l'avenir de votre chien et vos relations avec lui par un mauvais dressage; l'effort en vaut la peine.

Le dressage du chiot

Commencez par habituer votre chiot à satisfaire ses besoins à l'extérieur. Donnez-lui une place fixe à cet effet, un endroit qui restera le sien.

Ne grondez votre chien qu'au moment précis où il accomplit une bêtise, parce que ce moment passé, il ne pourrait en aucune façon comprendre pourquoi vous le punissez. Sachez que votre Boxer, comme d'ailleurs tous les autres chiens, ne peut lier la cause à l'effet que si ces deux actes sont simultanés.

Complimentez, récompensez votre jeune chien lorsqu'il fait ce que vous lui demandez. Cette méthode est excellente: votre chiot répétera les mêmes gestes pour recevoir une récompense, et cette répétition en fera des gestes habituels.

Ne frottez jamais le nez de votre chiot sur la cause de sa bêtise; ce geste est tout à fait inutile et pourrait même être néfaste. Si votre chiot fait une bêtise, grondez-le immédiatement. S'il fait ses besoins là où il n'est pas autorisé à les faire, sortez-le pour lui montrer l'endroit qui est réservé à cet effet. Votre Boxer n'est pas, de nature, désobéissant et il est propre par instinct. S'il renifle le sol ou s'il cherche à s'isoler, emmenez-le tout de suite à l'endroit réservé à ses besoins.

Éduquer votre chien est une bonne chose, mais cela n'est pas suffisant: vous aurez également à éduquer votre famille; le chiot copie tout et il ne faudra donc pas lui donner de mauvais exemples.

Dresser un chien de façon approximative n'a jamais rien donné de bon. Si vous décidez de faire dresser votre Boxer par des spécialistes, vous devez savoir qu'un bon dressage pourrait vous coûter deux ou trois fois le prix payé pour le chien. Mais il s'agit là d'un investissement rentable si vous tenez compte des services que vous rendra par la suite votre compagnon. Votre Boxer, en devenant un bon chien de garde, couvrira aisément votre dépense; de plus vous aurez la satisfaction d'être le maître d'un chien dressé convenablement.

Nous vous donnons le détail d'un dressage que vous pouvez effectuer vous-même. Il vous donnera des résultats satisfaisants si vous le faites avec un sérieux sens de l'éducation.

Les principes

Voici les différents principes à suivre pour dresser votre Boxer avec efficacité:

1. Les ordres doivent être donnés de manière que le chien puisse associer le ton de votre voix à l'exécution de l'ordre. Un chien ne peut pas saisir la signification des mots prononcés; il obéira donc d'après la tonalité.

   Il est absolument nécessaire de faire comprendre à votre chien le lien entre l'ordre donné et l'exécution de l'exercice. Vous y arriverez à force de patience et surtout de répétitions; ne changez surtout pas le ton de votre voix; ayez toujours le même ton pour le même ordre. Pour un exercice avec un seul mouvement, l'ordre doit être donné sur un ton sec et avec des mots courts; l'ordre pour une série de mouvements, sur un ton plus amical et avec des mots plus longs.

   N'oubliez pas que votre Boxer est un animal plutôt doux et sensible; aussi si vous lui donnez un ordre lorsque vous êtes énervé, vous provoquerez chez lui la confusion et le doute.
2. Commencez le dressage par les exercices les plus faciles en allant progressivement vers les plus difficiles. Ne commencez pas

une nouvelle phase du dressage avant que la précédente ne soit totalement assimilée.

3. Chaque leçon de dressage se terminera quand le chien aura accompli correctement l'exercice; ne l'arrêtez pas au milieu d'un exercice. Si vous voyez que votre chien est fatigué, soyez suffisamment habile pour arrêter la leçon dès qu'il aura accompli l'exercice de façon satisfaisante. N'oubliez pas de le féliciter. Quand l'exercice est composé de plusieurs mouvements et que votre chien n'a pas bien compris ou n'exécute pas correctement une partie de cet exercice, faites-le lui répéter au complet et non seulement cette partie: vous devez obtenir un enchaînement parfait de tous les mouvements qui le composent.
4. Lorsque vous donnez un ordre, soyez gai, énergique et dynamique. Donnez l'exemple à votre chien. Évitez les mauvaises manières et les gestes d'impatience.
5. Vous devez faire répéter les exercices dans des endroits différents afin que l'environnement n'influence pas le chien. Quand les premiers exercices d'obéissance auront bien été assimilés, passez à des exercices plus difficiles.
6. Il est bon, avant de commencer une leçon, de laisser votre Boxer satisfaire ses besoins physiologiques; laissez-lui quelques minutes de liberté à cet effet.
7. Faites-vous un horaire pour le dressage du chien. Le meilleur moment est avant ses

repas. Il considérera ainsi la nourriture qu'il reçoit comme une récompense pour avoir bien accompli ses exercices. N'amenez jamais votre Boxer sur le terrain d'exercices juste après les repas: le chien réagirait avec paresse et sans enthousiasme aux ordres que vous lui donneriez.

8. Si vous vous sentez nerveux, il vaut mieux renoncer à la leçon ou la reporter à plus tard; vous n'obtiendriez rien, dans cet état, du chien et vous risqueriez même de compromettre ce que vous avez réussi jusque-là.
9. Comme tout un chacun, votre Boxer peut ne pas avoir envie de travailler ou être indisposé pour une quelconque raison. Observez toujours votre compagnon attentivement avant chaque leçon pour déceler s'il n'est "pas d'humeur" à faire ses exercices. Traitez-le avec affection et humanité, préoccupez-vous de sa santé et décidez s'il est préférable de commencer la leçon ou de la remettre à plus tard.
10. Examinez tous les jours les pattes, les ongles et les espaces interdigitaux de votre Boxer; soignez-le si vous remarquez des piqûres, des lésions ou tout autre bobo.
11. Le collier clouté ne devrait être utilisé qu'avec un chien très rebelle ou au caractère extrêmement difficile. Si tel est le cas, corrigez ses erreurs en tirant avec plus ou moins de force sur la laisse selon l'ampleur

de la faute commise. L'utilisation du collier clouté comme punition doit faire comprendre au chien que la désobéissance ne paie pas et est punie durement.

12. Ne vous laissez pas prendre au dépourvu par votre chien. Essayez de deviner pourquoi il ne veut pas faire un exercice: il est préférable de ne pas le lui faire faire plutôt que ce soit lui qui en prenne la décision.
13. Si votre chien refuse d'exécuter un exercice alors qu'il en est capable, grondez-le sévèrement *immédiatement* et ordonnez-lui de l'exécuter. Par contre, si votre chien s'est trompé parce qu'il n'a pas bien compris, faites-lui répéter l'exercice, sans le gronder.
14. Ne prononcez pas de longues phrases en donnant des ordres au chien; il ne comprendrait pas. Peu de mots sur un ton impératif.
15. Quand votre élève a bien travaillé, récompensez-le par quelques tapes affectueuses sur le cou avec le plat de la main; faites-lui faire une petite halte dans son entraînement; offrez-lui une friandise, mais pas trop souvent, cela n'est pas conseillé pour sa bonne forme et sa santé. Quand vous le félicitez pour l'exécution de ses exercices, parlez-lui sur un ton amical et affectueux.
16. Comme nous l'avons expliqué pour le chiot, vous ne devrez jamais interrompre une leçon avant que votre chien n'ait terminé l'exercice que vous lui avez donné à faire. Si néanmoins vous le faites, même une seule

fois, vous créerez une habitude d'indiscipline et de désobéissance. Il vous sera difficile, par la suite, de lui faire perdre ces mauvaises habitudes.

17. Si vous avez décidé de dresser vous-même votre chien, vous ne devez jamais, au grand jamais, vous faire remplacer pendant le dressage. La personne qui prendrait votre place pourrait faire une erreur qu'il vous serait, par la suite, pratiquement impossible de corriger, le Boxer apprenant une fois pour toutes.
18. Ne faites pas de votre Boxer un clown en montrant à vos amis ce qu'il sait faire par des exhibitions d'habilité. Ce serait une grande erreur de transformer en jeu ce qui doit être pour votre chien, un travail.
19. Lorsque vous aurez terminé la leçon de dressage, ne donnez pas tout de suite à boire au chien. Attendez qu'il se calme et que son agitation disparaisse.
20. Après la leçon et avant de le libérer, brossez-lui et frottez-lui énergiquement le dos, l'arrière-train et la poitrine avec une serviette destinée à cet usage. Laissez-le se relaxer et satisfaire ses besoins physiologiques.

Le dressage

La première chose à faire lorsque vous décidez de dresser votre chien est d'établir une liste des exercices qui conviennent le mieux à son activité future, c'est-à-dire à la “profession” à laquelle vous le destinez. Vous vous rendrez compte bien vite que votre Boxer est un animal que vous pouvez dresser facilement. Il est intelligent et généralement obéissant. Il apprendra vite ses leçons et les mémorisera facilement.

Quoi qu'il en soit, vous avez acheté un chien pour en faire un ami et un serviteur capable de vous rendre certains services. Il sera votre serviteur mais pas un chien de cirque: entraînez-le donc sérieusement et non pour faire l'amusement de vos amis.

Sachez que vous n'apprendrez absolument rien de nouveau à votre chien: il accomplit déjà tous les exercices mais à son propre avantage; il se couche et s'assied, il saute, attaque, se défend et rapporte des objets.

En fait, lorsque l'on parle de dresser un chien, il s'agit d'utiliser son savoir, ses aptitudes et ses capacités quand il en reçoit l'*ordre* et non selon son humeur. En d'autres mots, nous employons les possibilités du chien à notre profit, pour nous venir en aide en cas de besoin, par exemple.

Ne commencez pas le dressage proprement dit du chien avant l'âge de huit mois, et il vaudrait mieux même attendre qu'il ait neuf mois. Il faudra attendre son premier anniversaire avant de lui faire exécuter des exercices d'attaque et de saut. Le faire avant cet âge comporte des risques de fractures ou de luxations, son ossature n'étant pas encore suffisamment solide. Il vaut mieux consulter votre vétérinaire qui pourra vous dire si vous pouvez commencer ou non le dressage en considérant l'état du développement de l'animal.

Comme pour tout autre travail, vous aurez besoin pour le dressage de votre Boxer d'une série d'instruments qui vous seront utiles pour la plupart des exercices:

- un collier de cuir;
- un collier en chaînette métallique à noeud coulant;
- un collier clouté;
- un harnais et une laisse à mousqueton d'environ 6 mètres (20 pieds);
- une laisse de dressage en cuir de 1,50 mètre (5 pieds) équipée d'un mousqueton;
- une muselière en cuir à trame serrée;
- un fouet en cuir dur de 1 mètre (3 pieds) de longueur (genre cravache);
- un bâtonnet de 25 à 30 centimètres (10 à 12 pouces) de long;
- une corde en plastique ou en chanvre pourvue d'un mousqueton, d'environ 30 mètres (100 pieds);
- une chaîne métallique de 10 mètres (30 pieds) avec des crochets permettant d'en réduire la longueur selon les besoins;
- un vêtement pour l'attaque en toile assez épaisse, rembourré, avec l'intérieur en cuir;
- un revolver tirant à blanc et à forte détonation, mais semblable à une vraie arme;
- une brosse;
- un petit grattoir métallique;
- une serviette épaisse et raide;

- un cercle de 80 centimètres (2,5 pieds) de diamètre, avec un socle réglable jusqu'à environ 1,50 mètre (5 pieds);
- un obstacle en bois, pour faire sauter le chien, d'une hauteur réglable de 10 centimètres (4 pouces) à 1,5 mètre (5 pieds).

Voyons maintenant quel usage vous ferez de ce matériel:

Le collier en chaînette métallique à noeud coulant peut être soit fixe, soit mobile. Il est utilisé dans les exercices où le Boxer est tenu en laisse, pour le rappeler ou pour lui faire comprendre qu'il a mal exécuté ses exercices.

Le collier clouté devra être employé avec beaucoup de mesure et de prudence. Il s'agit d'une punition très douloureuse, car le cou est une partie délicate du corps de l'animal. Ce collier ne devrait être utilisé que pour mater un chien agressif, très rebelle ou paresseux qui mérite une telle punition.

Le harnais et la laisse à mousqueton sont utilisés lors des exercices en plein air lorsqu'il s'agit de retrouver une personne. Ils vous permettront de suivre à distance le chien parti sur les traces de la personne recherchée.

La laisse de dressage en cuir est l'instrument de correction lors des exercices. Elle peut aussi servir de signal pour les exercices à distance.

Le fouet en cuir du genre cravache sert à provoquer le chien pendant les premiers exercices d'attaque. Employez-le plus pour le menacer que pour le frapper. Menacé, votre chien réagira vivement, et vous le mettrez encore plus en colère en lui donnant quelques coups mais très légers.

La muselière en cuir à trame serrée est utilisée avant que votre chien ne soit entraîné à obéir à l'ordre de "lâcher prise". Vous l'utiliserez lors des premiers exercices d'attaque et de garde des objets.

Le bâtonnet est utilisé pour apprendre au chien à rapporter des objets et à les sortir de l'eau. Vous l'utiliserez également pour lui enseigner le sauvetage de personnes qui sont tombées à l'eau.

La corde de 30 mètres en plastique ou en chanvre est parfois utilisée dans les exercices de recherche de personnes et plus particulièrement lors d'exercices où le Boxer doit parcourir de longues distances.

La chaîne métallique de 10 mètres est utilisée lors des tous premiers exercices d'attaque. Vous pourrez également l'employer pour attacher votre chien à un poteau ou un arbre ou pour éviter qu'il n'agresse un soi-disant malfaiteur.

Le vêtement pour l'attaque doit être endossé par la personne qui joue le rôle de l'agresseur lors des exercices d'attaque libre après son entraînement sans muselière et sans laisse. Ce vêtement servira à protéger "l'agresseur" contre les attaques du Boxer entraîné à devenir un chien de garde.

Le revolver tirant à blanc habitue le chien au bruit des détonations et stimule son instinct de garde. Il habitue l'animal à un signe de la présence de malfaiteurs, à se diriger rapidement vers l'endroit de la détonation.

La brosse, le grattoir et la serviette sont nécessaires pour la toilette du chien. Brossez-le à la fin de chaque leçon. Utilisez avec précaution le grattoir: servez-vous-en pour nettoyer sa robe. Frictionnez le poil et la peau du chien avec la serviette. Ces opérations favorisent la circulation du sang, la relaxation des muscles et la détente.

Le cercle à socle réglable est utilisé pour donner au chien l'habitude de sauter dans différentes situations. Commencez par lui faire faire le saut dans un cercle simple pour en arriver, progressivement, à le faire sauter dans un cercle enflammé.

L'obstacle démontable et réglable permet aussi au chien d'apprendre à sauter des obstacles quand les circonstances l'imposent ou lorsque vous le lui demandez.

Les différents exercices

Exercice: la marche au pied

Les ordres: "au pied" et "va".

Le matériel: le collier à noeud coulant et la laisse de dressage.

Les punitions: pour une erreur légère: "non", d'une voix douce; pour une erreur sérieuse: "pfft", d'une voix sèche et sévère.

Le but de cet exercice est d'apprendre au chien à vous suivre, peu importe le parcours, tout en restant à vos côtés, toujours à votre gauche, sans vous dépasser et sans rester en arrière. À la fin de cet exercice, votre Boxer saura marcher correctement en laisse sans tirer sur le collier.

Mettez-lui le collier à noeud coulant auquel vous aurez fixé la laisse de dressage. Placez le chien à votre gauche, de telle façon que son épaule soit à la hauteur de votre genou et que ses pattes soient au niveau (plus ou moins) de la pointe de vos chaussures. L'espace entre votre genou et le chien devra être d'environ 10 centimètres (4 pouces). Faites attention que la ligne de la colonne vertébrale de votre chien demeure parfaitement perpendiculaire à la verticale de votre jambe. Il faudra que le chien s'habitue à marcher droit et qu'il ne prenne pas la mauvaise habitude de marcher obliquement.

Au moment de commencer l'exercice de la marche au pied, tenez la laisse dans votre main droite; votre main gauche doit être près du mousqueton, toujours prête à diriger les premiers essais de votre chien. Votre Boxer qui aura, jusqu'à ce moment-là, toujours été libre de ses mouvements, sera étonné, mais n'y faites pas attention. Ordonnez-lui "au pied" afin qu'il prenne la position correcte et ensuite ordonnez-lui "va" pour commencer la marche. Il est très important, lorsque vous donnez l'ordre "au pied", de vous frapper en même temps la cuisse gauche. Faites un signe de la main qui indiquera le moment du départ en donnant l'ordre "va".

Votre chien commettra quelques erreurs lors de ses premières tentatives; aidez-le en lui faisant répéter l'exercice, en corrigeant ses erreurs sans vous mettre en colère. Si votre chien s'éloigne de votre genou, corrigez-le en lui faisant recommencer l'exercice le long d'un mur.

Exercice: assis

L'ordre: "assis".
Le matériel: le collier à noeud coulant et la laisse de dressage.
Le lieu de l'exercice: sur la piste.

Cet exercice a pour but de lui apprendre à s'asseoir lorsque vous lui en donnez l'ordre. Ordonnez-lui "au pied", puis "assis" en appuyant sur sa croupe pour le forcer à s'asseoir tout en lui maintenant son menton dans la bonne position. Apprenez-lui ensuite à répondre aux signaux. Mettez-vous au garde-à-vous et ordonnez-lui "assis" tout en étendant le bras droit, de façon à former un angle droit avec votre corps. Le chien comprendra rapidement que le bras tendu et l'ordre "assis" ont la même signification.

Exercice: l'aboiement sur un ordre

Les ordres: "aboie" et "assez".
Le matériel: le collier à noeud coulant et la laisse de dressage.

Attachez-le avec sa laisse à un poteau ou à un arbre. Placez-vous devant lui et, avec l'index pointé dans sa direction, donnez-lui l'ordre "aboie" et menacez-le en agitant l'index. Évidemment le chien ne réagira pas. Éloignez-vous. Le chien ne pourra pas vous suivre puisqu'il est attaché, il protestera en aboyant; il faudra alors vous retourner immédiatement, en ordonnant à nouveau: "aboie" tout en agitant l'index. Félicitez-le.

Dès que votre chien répondra sans hésiter, habituez-le à aboyer devant une situation insolite ou un objet étrange.

Apprenez-lui à se taire; pour cela serrez-lui le museau avec la main droite et répétez sans cesse "assez". Dès qu'il aura réussi cet exercice, félicitez-le chaleureusement.

Exercice: l'appel au pied

L'ordre: "viens".
Le matériel: le collier à noeud coulant et la laisse de 6 mètres.

Vous avez sûrement déjà habitué votre chien à accourir vers vous dès que vous prononcez son nom. Cet exercice lui apprendra à se placer à côté de votre pied gauche ou devant selon l'ordre que vous lui donnerez.

Pour cet exercice, tenez le chien en laisse. Lancez une pierre ou un autre objet loin de vous, mais pas à plus de 6 mètres (20 pieds), et dites-lui d'aller le chercher. Dès qu'il arrivera près de la pierre, donnez-lui l'ordre "viens" et tirez sur la laisse pour l'obliger à revenir. Caressez-le et félicitez-le.

Exercice: arrête

L'ordre: "arrête".
Le matériel: le collier à noeud coulant, la laisse de 6 mètres et un sifflet à ultra-sons.

Cet exercice est important puisqu'il vous permettra d'empêcher votre chien d'attaquer sans raison. Donnez l'ordre "assis". Placez-vous face à votre chien et, après quelques instants d'immobilité, ordonnez "viens" en levant le bras. Dès qu'il commence à s'approcher, ordonnez "arrête" en étendant le bras droit, la paume de la main tournée vers l'avant.

Exercice: couché

L'ordre: "couché".
Le matériel: le collier à noeud coulant et la laisse de dressage.

Ordonnez à votre Boxer "assis" et dès qu'il sera en position assise, prenez la laisse dans votre main gauche, près du mousqueton qui la fixe au collier et donnez l'ordre "couché". De la main droite, poussez-le par terre pour le forcer à s'étendre, les pattes antérieures allongées en avant, le ventre contre terre et les pattes postérieures repliées.

Exercice: debout

L'ordre: "debout".
Le matériel: le collier à noeud coulant et la laisse de dressage.

Ordonnez-lui "assis" puis "couché" et éloignez-vous. Il prendra automatiquement la position "debout" pour vous suivre.

Faites de ce désir un ordre. Ordonnez au chien "assis" et après quelques instants, en restant immobile, ordonnez-lui "debout". Le Boxer devra se lever en soulevant ses pattes postérieures, sans bouger de l'endroit où il se trouve. Pour en arriver là, tenez la laisse de la main gauche près du mousqueton et préparez-vous à employer votre pied gauche comme levier, en le plaçant sous le ventre du chien, entre ses pattes antérieures et postérieures. En donnant l'ordre "debout", tirez la laisse vers le haut et poussez du pied le ventre du chien dans la même direction en l'obligeant à se lever.

Exercice: la marche derrière le maître

L'ordre: "en arrière".
Le matériel: le collier à noeud coulant, la laisse de dressage et quelques brindilles sèches.

Mettez-lui sa laisse de dressage et donnez-lui l'ordre "au pied", faites-lui exécuter ensuite quelques exercices: "assis", "couché" et "debout", puis de nouveau "assis". Laissez l'animal immobile et faites quelques pas jusqu'à ce que la laisse, que vous tenez dans votre main droite, soit tendue derrière vous. À ce moment-là, donnez-lui l'ordre "viens". Le Boxer voudra prendre la position apprise "au pied": mais à l'aide de quelques brindilles tenues dans votre main gauche, que vous agiterez derrière votre dos sans toucher son museau, empêchez-le d'avancer tout en lui donnant l'ordre "en arrière".

Exercice: le saut d'obstacles

L'ordre: "saute".
Le matériel: le collier à noeud coulant, la laisse de 6 mètres, l'obstacle à hauteur réglable.

Placez les planchettes à une hauteur de 40 centimètres (16 pouces). Mettez-lui la laisse de six mètres, faites-lui prendre la position "au pied". Sautez avec lui l'obstacle en tirant sur sa laisse et en donnant l'ordre "saute". Votre chien franchira l'obstacle sans problème. Répétez l'exercice. Après lui avoir fait faire plusieurs fois l'exercice, ajoutez une planchette pour que l'obstacle ait environ 50 centimètres (20 pouces) de haut. Félicitez-le à chaque fois. Lorsqu'il se sera bien familiarisé avec cet ordre et cet exercice, faites-le-lui faire sans laisse et réglez la hauteur de l'obstacle à 1,5 mètre (5 pieds). N'augmentez pas la hauteur de l'obstacle tant que votre Boxer n'aura pas sauté avec confiance la hauteur précédente.

Exercice: le rapport d'objets

Les ordres: "rapporte" et "laisse".
Le matériel: le collier à noeud coulant, la laisse de dressage et le bâtonnet.

Commencez par laisser votre animal jouer avec le bâtonnet pour qu'il s'y habitue. Lancez-le ensuite au loin. Il vous le rapportera avec joie.

Reprenez-le et, sans jouer cette fois, donnez l'ordre "au pied" et faites une petite promenade, tout en gardant le bâtonnet dans votre main droite. Arrêtez-vous et faites le geste de l'offrir au chien; quand il voudra le prendre, donnez l'ordre "rapporte" tout en l'approchant de sa gueule.

Quand il aura appris à tenir l'objet dans sa gueule sans votre aide, vous pourrez lui donner l'ordre "laisse" tout en enlevant le bâtonnet de sa gueule et en le caressant pour le féliciter.

Exercice: la recherche et le rapport d'objets

L'ordre: "cherche et rapporte".
Le matériel: le collier à noeud coulant, la laisse de dressage et le bâtonnet.

Offrez au chien l'objet qu'il devra rapporter, mais ne le lui mettez pas dans la gueule. Tenez-le à distance et augmentez cette distance jusqu'à l'endroit où votre chien devra le ramasser. Dès que votre Boxer saura comment faire pour rapporter l'objet et qu'il comprendra l'ordre, jetez le bâtonnet au loin et donnez l'ordre: "cherche et rapporte". Lorsqu'il aura ramassé l'objet, donnez l'ordre "viens" et, dès qu'il vous aura rejoint, donnez l'ordre: "laisse". N'oubliez surtout pas de féliciter l'animal à chaque exercice bien fait.

Exercice: la recherche d'objets ou de personnes

Le flair est un des sens les plus développés chez le Boxer: il lui permet de repérer facilement une présence étrangère près de la maison.

Certains éléments facilitent cependant la tâche du Boxer:

a. L'atmosphère fortement humide et le ciel couvert: les odeurs sont plus fortes, et l'évaporation plus faible.
b. Un sol plus chaud que l'atmosphère: les courants d'air sont faibles sinon inexistants.
c. Les endroits où pousse beaucoup d'herbe et les endroits boisés: la végétation agit comme brise-vent.

d. La nuit, les premières heures du jour et celles suivant le coucher du soleil, pendant l'été: l'évaporation est alors plus lente.
e. L'odeur de la personne perdue ou en fuite: plus l'odeur sera forte, plus le Boxer aura de la facilité à la retrouver. Si, par exemple:
    - elle transpire;
    - elle sent le parfum;
    - elle est sale;
    - elle est blessée et saigne;
    - elle a pris de l'alcool ou des médicaments.
f. La rapidité: plus le temps s'écoule, plus il sera difficile pour votre animal de retrouver une trace.

Certains éléments rendront par contre la recherche plus difficile:

a. Un soleil de plomb et de fortes chaleurs.
b. Les pluies torrentielles.
c. Les eaux courantes comme le gué d'un ruisseau.
d. Les terres sablonneuses et silicieuses, un sol sec: le vent emportera des indices de recherche.
e. Les vents forts et les ouragans, et plus particulièrement les vents secs et venant de l'Ouest.
f. Les terres remuées et les sols qui viennent d'être travaillés.
g. La neige et le verglas qui recouvrent les traces.
h. L'environnement urbain où toutes sortes d'odeurs se mélangent.
i. Les surfaces très propres.

L'ordre: "va, cherche".
Le matériel: une balle en caoutchouc, du fromage, la laisse de 6 mètres, le harnais en cuir pour la recherche et la corde de 30 mètres.

Initiez votre Boxer à cet exercice très tôt, vers l'âge de quatre mois. Profitez des jeux pour lui lancer la balle de caoutchouc afin qu'il vous la rapporte. Au fur et à mesure, compliquez le jeu en lançant la balle dans un lieu caché mais connu du chiot. Passez la balle dans du fromage, faites-la lui flairer, reprenez-la et faites-la rouler sur le sol pour laisser sur son parcours l'odeur du fromage. Commencez à lui donner l'ordre "va, cherche".

Ensuite apprenez au Boxer à vous retrouver alors que vous vous êtes caché. S'il ne vous trouve pas, appelez-le jusqu'à ce qu'il découvre votre cachette.

La prochaine étape consistera à lui faire suivre une piste préalablement tracée. Utilisez le harnais et la laisse de 6 mètres. Attachez-le à un lampadaire, à un poteau ou à un arbre pour qu'il ne puisse pas vous suivre et faites-lui flairer un morceau de viande. Faites ensuite un parcours en ligne droite et piétinez soigneusement le tracé devant l'animal. Commencez par piétiner une surface d'environ un demi-mètre carré (5 pieds carrés). À la fin du parcours, déposez un objet que votre chien affectionne et retournez auprès de lui. Détachez-le et faites-lui flairer le terrain que vous avez piétiné en lui donnant l'ordre "va, cherche".

Il se mettra à flairer en suivant la piste jusqu'au moment où il trouvera l'objet. Ne manquez pas de le féliciter. Votre élève aura appris à chercher quelque chose dont vous avez besoin.

La deuxième étape de cet exercice consiste à lui apprendre que vous ne cherchez pas toujours la même chose. Demandez à quelqu'un que votre Boxer connaît bien de vous aider: un enfant du voisinage, par exemple. Commencez par piétiner une surface d'un demi-mètre carré (5 pieds carrés) devant le chien avant de tracer une piste. Cette dernière devra être tracée par votre assistant: il marchera en ligne droite sur une distance de 45 à 50 mètres (150 à 165 pieds), puis tournera à droite ou à gauche pour se cacher.

L'animal, qui portera son harnais et sa laisse, aura observé l'assistant tout en restant à vos pieds. Ordonnez-lui ensuite "va, cherche". Vous suivrez, en marchant, la piste tracée par votre assistant. Répétez cet exercice pendant plusieurs jours mais en changeant d'assistant; toujours une personne que votre élève connaît bien et qui lui est sympathique.

Apprenez ensuite à votre chien à chercher votre assistant, mais sans qu'il ait pu le voir, en vous servant de ses vêtements. Avant de commencer l'exercice, inspectez bien le parcours en y laissant des repères. Demandez à votre assistant de se cacher environ un quart d'heure avant que vous n'arriviez sur les lieux. Emmenez votre chien à environ 50 mètres (165 pieds) de sa cachette. Emportez avec vous un des vêtements de votre assistant, comme une chaussure ou une chaussette, (choisissez toujours un vêtement à l'odeur forte) et faites-le flairer par votre chien plusieurs minutes. Ordonnez alors "va, cherche", tout en indiquant le sol avec votre doigt.

Continuez cette leçon, une fois l'exercice précédent réussi, avec un autre collaborateur et des objets différents. Les découvertes de personnes cachées devront être bien récompensées, mais n'oubliez pas que cette récompense ne doit venir que de vous; votre Boxer ne doit rien recevoir de personnes étrangères.

Exercice: refuser les aliments donnés par un étranger ou trouvés

L'ordre: "pfft".

La méthode la plus employée par les délinquants pour se soustraire au courroux du chien de garde est de lui offrir un appât empoisonné pour s'en débarrasser. Vous devez apprendre au Boxer à refuser toute nourriture qui lui serait donnée par un inconnu. Vous aurez besoin de toute votre patience parce que votre chien est insatiable quand on lui offre un aliment qu'il aime; il mangera la nourriture qu'il ait faim ou non.

Les repas du chien doivent avoir lieu à heures fixes, mais pendant le dressage, nous vous conseillons de ne lui donner à manger que le soir afin de ne pas l'alourdir pendant ses exercices. Afin de mener à bien cet exercice, vous aurez besoin de l'aide de plusieurs de vos amis; choisissez des personnes que votre chien connaît et d'autres qu'il ne connaît pas du tout.

Faites jeûner l'animal une fois par semaine et, quand il est à jeun depuis la veille, amenez-le vers la piste où arrivera un assistant déjà connu du chien. Bavardez avec votre ami, et laissez-le caresser l'animal. Attachez le chien à un arbre et éloignez-vous pour vous cacher dans un coin d'où vous pourrez observer ce qui se passe. Votre ami s'approchera du chien, avec un journal enroulé, tout en faisant attention de laisser une distance de 20 centimètres (8 pouces) entre lui et le chien en laisse. Il appellera le chien par son nom et lui offrira un morceau de viande vieux de quelques jours. Mais au moment où le chien voudra prendre le morceau de viande dans sa gueule, votre assistant devra retirer sa main et donner au chien un coup sec sur le museau et un autre coup sur les pattes avec le journal roulé. Il s'en ira ensuite rapidement. Sortez de votre cachette et dites au chien "non" et quand votre ami le frappera, dites-lui "pfft". Votre ami, en partant, aura laissé tomber le morceau de viande près du chien; ramassez-le, montrez-le au chien et répétez "non, pfft" tout en lançant la viande loin de vous.

À la leçon suivante, votre Boxer ne devra pas connaître votre assistant. Bavardez avec lui devant le chien. Votre ami sortira de sa poche un aliment qui ne sera pas de la viande, cette fois-ci. Comme dans l'exercice précédent, il offrira cet aliment au chien et le frappera de la même façon. Votre ami partira rapidement en faisant du bruit. Retenez votre chien tout en ordonnant "aboie, aboie".

Par la suite, faites-lui faire l'exercice en le laissant en liberté.

Exercice: ne pas sauter sur votre mobilier

Votre fauteuil favori ou celui d'un des membres de votre famille sera également le fauteuil favori de votre Boxer. La raison en est que ces meubles ont des odeurs qui lui sont familières, celles de son maître ou celles d'autres membres de la famille qui est, en fait, également sa famille. Il est évident qu'il pensera avoir tout à fait le droit de s'y étendre ou de s'y asseoir comme le reste de... sa famille!

Comment faire pour le débarrasser de cette habitude? La solution la plus simple est de mettre sur la chaise ou le fauteuil que votre Boxer préfère un chiffon imprégné d'un liquide spécial que les chiens ne supportent pas. Il sauterait sur le fauteuil, reniflerait, ferait demi-tour et ne recommencerait plus jamais.

Vous pouvez aussi tenter de l'éduquer. Dès qu'il sautera sur un fauteuil, ordonnez-lui "viens", comme vous le lui avez enseigné dans les leçons de dressage, et il viendra vous rejoindre immédiatement. Parlez-lui sévèrement. Après l'avoir disputé plusieurs fois, il ne remontera plus sur votre fauteuil favori... tout au moins en votre présence! Le grand problème sera évidemment de l'en éloigner définitivement.

Vous pouvez aussi employer une autre méthode: achetez quelques souricières et placez-les sur "son" fauteuil favori, puis recouvrez-les de quelques feuilles de journal. Dès que votre Boxer sautera sur le fauteuil, une des souricières se fermera avec un bruit sec; votre chien sautera du fauteuil, effrayé; s'il essaie d'y monter une seconde fois, une autre des souricières claquera, et votre compagnon aura compris la leçon.

Vous pouvez aussi le dresser à se rendre au lit quand vous le lui ordonnez: apprenez-lui le mot “lit” en le lui ordonnant d'une voix sourde et forte tout en lui montrant sa couche; répétez plusieurs fois jusqu'à ce qu'il comprenne. Ainsi vous pourrez toujours l'envoyer se coucher s'il occupe votre place...

Sous-estimation des capacités de votre Boxer

Ayez confiance en votre Boxer et s'il lui est difficile parfois d'accomplir les exercices que vous lui imposez, ne le lui reprochez pas trop, agissez avec discernement; pensez à son amour-propre.

Surestimation des capacités de votre Boxer

Ne poussez pas votre compagnon au-delà de ses limites. En observant attentivement votre Boxer, vous connaîtrez à la fois ses qualités et ses défauts. Si certains exercices lui font horreur, ne le forcez pas à les faire: soyez patient sinon vous pourriez provoquer des crises nerveuses qu'il vous sera difficile d'effacer par la suite.

La fin du dressage

Votre Boxer a toutes les qualités requises pour un bon dressage. Les chiens de cette race obéissent facilement aux ordres de leur maître. Ils aiment la discipline, et, par la douceur, vous arriverez à en faire un chien dont vous serez fier.

Vous n'avez pas besoin d'aptitudes particulières pour dresser votre Boxer. Vous serez étonné des progrès et des résultats rapides que vous obtiendrez.

Le Boxer vieillissant

Après de longues années de bons et loyaux services, votre Boxer aura bien mérité sa retraite. Il sera de moins en moins intéressé à s'accoupler. Il sera aussi beaucoup moins agressif. Il aura encore envie de jouer avec vous, mais ses réactions seront moins vives: il n'aura plus l'agilité et l'énergie de sa jeunesse. Il aura une santé fragile: il tombera plus facilement malade, il sera encore plus sujet aux kystes, aux tumeurs et aux lésions cérébrales.

Gardez-le chez vous et soignez-le comme le "vétéran" qu'il est devenu. Le vieux chien ressemble beaucoup à un bébé. Déjà dans sa vie active, il avait besoin d'affection, et, l'âge aidant, ce besoin d'amour ne fait que s'amplifier.

Soyez attentif à sa santé déclinante et n'hésitez pas à vous rendre chez votre vétérinaire pour le faire examiner.

Il n'a plus que vous et votre famille comme environnement: vous devrez lui consacrer encore plus de temps et d'attention dans cette période où il en a plus besoin que jamais. Continuez à faire votre promenade avec lui mais en marchant plus lentement. Il deviendra plus possessif envers les siens: n'y voyez pas un travers mais une preuve d'amour et acceptez qu'il soit parfois irritable: c'est l'âge...

Après avoir été votre fidèle chien de garde, il deviendra votre chien de compagnie. Il vous donnera encore bien des joies.

Mais il arrivera un jour où tous les médicaments seront impuissants pour le garder en vie: vous devrez alors prendre la pénible décision de vous en séparer pour toujours. Ne vous en occupez pas vous-même, cela vous briserait le coeur; demandez à votre vétérinaire de le faire. Grâce à une injection de Penthothal ou de Nembutal, il le fera entrer dans un sommeil profond qui le fera passer au néant sans souffrances. N'assistez surtout pas à l'opération.

Félicitez-le affectueusement après chaque exploit...

Sa vie sociale

Si vous avez bien dressé votre boxer, vous aurez un compagnon dont vous apprécierez pleinement les nombreuses qualités. Il s'agit d'un chien fort sociable et extrêmement fidèle à son maître avec lequel il nouera des relations "privilégiées" allant même jusqu'à une certaine complicité.

Il saura vous défendre vous, votre famille et vos biens avec intelligence et courage. Le Boxer aime la vie de famille. Pour conserver une bonne forme physique, il a besoin de faire beaucoup d'exercices: si vous habitez dans un appartement et que vous ne disposez pas de beaucoup d'espace, vous devrez lui faire faire tous les jours une longue promenade. Quoi qu'il en soit, vous consacrerez une bonne partie de vos loisirs à vous occuper de lui; vous pourrez ainsi remarquer à quel point il a toutes les capacités pour devenir un excellent chien de garde. Si vous êtes citadin, vous devrez emmener votre Boxer à la campagne au moins une fois par semaine pour lui permettre de dépenser l'énergie qu'il aura accumulée.

Le Boxer et les enfants

L'enfant ne voit pas le chien avec les mêmes yeux que l'adulte. Pour un très jeune enfant, votre Boxer est une masse de chair sur laquelle il peut taper. Il sera instinctivement attiré par lui, et il ne faudra pas entraver cet élan. Cette amitié est aussi importante pour l'enfant que pour le chien qui est très sensible. Ils adoreront jouer ensemble.

La face rébarbative du Boxer pourra effrayer dans une certaine mesure l'enfant, mais cette peur s'estompera très rapidement pour faire place à une amitié durable: votre Boxer a suffisamment de patience pour supporter les caprices inévitables d'un enfant. Il peut néanmoins y avoir une certaine lutte de pouvoir entre eux. Le Boxer ne saisit pas toujours la place qui lui revient; elle est évidemment, après celle de l'enfant: la personne qui dressera votre chien devra le lui faire comprendre.

Le Boxer est par nature fougueux et pourra effrayer les très jeunes enfants lors de leurs premiers contacts; il peut leur faire perdre l'équilibre et même les faire tomber, sans mauvaise intention de sa part. Pour éviter que votre Boxer ne bave, expliquez à l'enfant que le fait de lui offrir de la nourriture le fait saliver, ce qui n'est pas très agréable à voir.

Apprenez à votre enfant que le Boxer n'est pas un objet sur lequel il peut se défouler et que celui-ci n'a pas à supporter des sévices tout simplement parce qu'il est affectueux.

Comment enseigner à un enfant à bien se conduire avec un Boxer

La meilleure méthode sera encore de faire assister l'enfant aux leçons de dressage et de lui apprendre les ordres que le Boxer pourra accepter de lui. Ils apprendront ainsi à se respecter mutuellement. L'enfant et le Boxer ont besoin d'affection et ils peuvent satisfaire ce besoin ensemble en se faisant aider par les parents ou maîtres.

Si vous décidez d'aller faire une promenade avec votre enfant et votre Boxer, il serait bon que vous rappeliez à l'enfant ce qu'il a appris lors des leçons de dressage du Boxer afin qu'il ne lui donne des ordres à tort et à travers. Vous devrez aussi expliquer à l'enfant qu'il devra être patient pour arriver à se faire obéir.

Un enfant apprend beaucoup de choses sur lui-même en vivant avec un chien et en apprenant à le dresser. Les leçons de dressage ne sont jamais du temps perdu lorsqu'elles ont été données par un maître compétent.

Le Boxer et les amis

Vos amis aimeront votre Boxer parce qu'il s'agit d'un chien intelligent qui garde le contrôle de ses impulsions. D'ailleurs vos amis sont les siens et dès qu'ils auront fait connaissance, il leur proposera, sans vergogne, de venir jouer avec lui.

Le Boxer et les autres animaux

Étant donné qu'il aime jouer avec ses pattes de devant, il fait souvent peur aux autres animaux. Si vous avez un chat à la maison, habituez dès son plus jeune âge votre Boxer à sa présence et vice-versa; vous éviterez ainsi des drames.

Si vous avez un perroquet en liberté dans votre maison, méfiez-vous du coup de bec qu'il pourrait donner à votre chien; habituez-les lentement à vivre ensemble. Lorsqu'il se trouve à l'extérieur, le Boxer a l'habitude de courir après les petits mammifères qu'il rencontre: si vous ne voulez pas qu'il leur brise le cou, tenez-le en laisse. Il est peu probable que les maîtres d'un chat complètement estropié apprécient l'exploit de votre Boxer...

La reproduction

Les loups, vivant entre eux, parviennent à garder leur race pure. Par contre les chiens, et parmi eux le Boxer, astreints à rencontrer d'autres races canines au gré de leurs promenades, doivent être surveillés de près.

Vous devrez surveiller très attentivement les reproducteurs directs tout en tenant compte de leur généalogie, afin d'être certain d'assurer la continuation des caractéristiques anatomiques de la race et de rejeter les chiens qui présentent des défauts.

Il a souvent été affirmé qu'un premier accouplement avec un chien bâtard influence les mises bas suivantes et que cette chienne mettra à nouveau bas des bâtards même si elle est accouplée avec un Boxer de pure race. Cette idée n'est pas exacte: aucune base scientifique ne vient prouver cette assertion qui ne tient qu'à des suppositions populaires.

Ce qui est vraiment problématique, c'est l'atavisme (l'hérédité éloignée). Il s'agit d'une question qui est proprement impossible à résoudre. En effet, même en choisissant très consciencieusement les reproducteurs, les chiots peuvent présenter des caractéristiques que l'on ne pouvait absolument pas prévoir en choisissant les parents. Ils peuvent ne pas avoir la même intelligence ni le même caractère sans qu'il soit possible d'en connaître les causes.

Il est donc nécessaire de bien connaître les précédents d'un chien de race avant de l'accoupler. On ne doit pas s'en tenir aux caractéristiques des parents mais essayer de remonter de quelques générations en arrière. Prenez donc un maximum de précautions tout en sachant que vous pourriez, quand même, avoir des surprises.

Par ailleurs, méfiez-vous d'une consanguinité excessive qui pourrait donner lieu à des phénomènes de dégénérescence.

En résumé, sachez qu'il serait dommage, sous prétexte qu'il satisfasse ses instincts naturels, de laisser votre Boxer produire une nouvelle génération dans n'importe quelle condition.

La présentation

La chienne a ses premières chaleurs entre huit et douze mois et elle atteint son aspect définitif d'adulte à environ dix mois. Mais il n'est pas bon de la laisser avoir une portée à cet âge, la consolidation de son squelette n'étant pas terminée. Il vaut donc mieux attendre ses deuxièmes chaleurs ou même ses troisièmes pour la "présenter" à un mâle.

Ses chaleurs reviennent périodiquement et, en général, tous les six mois. Ces périodes peuvent varier, légèrement, selon chaque chienne. Lorsque votre chienne sera en chaleur, elle deviendra nerveuse, boira plus que de coutume et n'aura pas d'appétit; ses organes génitaux vont sécréter un liquide un rien sanguinolent, à l'odeur très particulière qui mettra le mâle à l'affût.

Certains Boxers femelles peuvent refuser de s'accoupler avec un mâle. D'autres auront des préférences et peut-être même des exclusivités pour un certain mâle, qu'il soit de race ou bâtard. Dans ces cas, il faudra faire exciter la chienne par le prétendant, qu'*elle* a choisi, avec toutes les précautions nécessaires pour éviter une saillie, et lui présenter aussitôt le mâle que *vous* aurez choisi en fonction de ses qualités. En général, la femelle tolère la présence du mâle une dizaine de jours après les premiers symptômes des chaleurs.

L'accouplement devra avoir lieu tranquillement, dans l'intimité. Laissez faire la nature si l'accouplement se prolonge, n'essayez pas de les séparer, vous pourriez provoquer une déchirure du vagin.

Dès que votre Boxer est fécondée, ses chaleurs s'arrêtent. Si ses chaleurs devaient durer plus de deux jours après l'accouplement, essayez une deuxième saillie. Il est conseillé, si vous ne désirez pas que votre chienne soit fécondée, de lui administrer un contraceptif afin de supprimer l'ovulation ou d'éviter les chaleurs. Demandez à votre vétérinaire.

La période des chaleurs est assez longue et vous devrez faire attention que la femelle ne s'accouple pas avec n'importe quel mâle. Il pourrait y avoir fécondation supplémentaire, et votre chienne vous doterait d'une portée hétérogène si les pères ne sont pas de la même race.

Si votre Boxer s'est accouplée avec un "mâle douteux", vous pourrez éviter la fécondation en lui injectant dans le vagin de l'eau vinaigrée (à raison de 25 millilitres de vinaigre pur par litre d'eau).

Le sort peut faire que votre chienne soit totalement indocile: il deviendra alors nécessaire de pratiquer l'insémination artificielle. Il s'agit d'un procédé très simple qui peut être pratiqué par votre vétérinaire. Cette insémination artificielle est, en général, une réussite complète.

La grossesse

Si tout s'est bien déroulé lors de la "présentation", il ne vous reste plus qu'à attendre, en laissant faire la nature. Sauf complications exceptionnelles, la grossesse suivra son cours normal. Elle dure, chez le Boxer, de soixante-deux à soixante-quatre jours, soit environ neuf semaines.

La grossesse pourrait s'interrompre entre le cinquante-huitième et le soixante-cinquième jour selon l'âge de la mère, son mode de vie, sa santé et le nombre de chiots de sa portée. La maternité est une période particulière pour le Boxer femelle. Les premiers symptômes se manifesteront d'un mois à cinq semaines après l'accouplement. Avant cette période, il est difficile d'établir s'il y a eu fécondation.

Mais si vous observez attentivement votre chienne, il y a des signes qui ne trompent pas. Elle commencera par se désintéresser de sa nourriture:

elle manquera d'appétit. Elle aura des nausées suivies de vomissements. Son comportement sera instable. La nuit, elle rêvera ou fera des cauchemars qui la feront gémir comme si elle appréhendait quelque chose, comme si elle avait peur. Sa façon d'agir, ses manières se transformeront de façon de plus en plus évidente à mesure que la chienne avancera dans sa grossesse.

Si vous désirez absolument savoir si votre chienne a été fécondée, procédez à un test chimique qui a pour but de vérifier le fonctionnement hormonal, semblable à celui de Friedman sur les lapines. Mais même si le résultat est positif, rien n'est certain, car il peut encore s'agir d'une grossesse nerveuse.

Votre bon sens vous fera comprendre ce que la chienne doit ou ne doit pas faire pendant son état gravide (grossesse). Évitez de la fatiguer et faites cesser tous les exercices violents auxquels elle était habituée. Plus de sauts, plus de courses excessives, mais ne négligez pas les promenades quotidiennes qui la garderont en forme sans pour autant la fatiguer ou la surmener.

Au fur et à mesure que les foetus se développeront, la chienne grossira et deviendra paresseuse; elle sera fatiguée et voudra s'étendre plus souvent qu'avant sa grossesse. Ne la dérangez pas, laissez-la faire, mais n'oubliez pas ses promenades. Vous observerez un affaissement de la région lombaire et un développement tout à fait normal de ses mamelles. Son ventre grossira au fur et à mesure que le temps passera. Votre chienne aura besoin de votre affection, de votre attention et de votre compréhension; soyez patient avec elle et fermez les yeux si elle est désobéissante. Ne la laissez pas trop souvent seule: elle a besoin de se sentir entourée "des siens". Veillez avec encore plus d'attention et de soins à sa propreté. Faites attention aux parasites comme les poux, par exemple. Pendant l'hiver, sortez-la le moins de temps possible et protégez-la au maximum, à l'intérieur de la maison, du froid et de l'humidité.

Occupez-vous d'elle mais dans les limites du raisonnable: il ne faut pas en faire une chienne de salon alors qu'elle est habituée à surmonter certaines difficultés. N'oubliez pas que la nature a fourni à votre chienne tous les moyens pour mener sa grossesse à terme sans grandes préoccupations. Soyez présent, mais ne soyez pas trop faible avec elle; aidez-la, mais laissez faire la nature.

Pendant sa grossesse, il faudra faire très attention à son alimentation. Les aliments devront être plus riches afin de compenser l'augmentation de ses besoins. Augmentez le nombre de ses repas tout en réduisant leurs quantités. Les deux repas traditionnels que l'on donne normalement à un Boxer ne sont pas de mise pendant la grossesse. Un repas trop lourd pourrait peser sur ses flancs qui sont déjà alourdis par le gonflement de ses mamelles et par la présence des futurs bébés. Augmentez la quantité de lait jusqu'à un litre (une pinte) par jour. Donnez-lui du lait entier. Son régime devra être composé de riz, de légumes verts et de viande fraîche; donnez-lui, une fois par semaine, un oeuf entier et deux jaunes d'oeuf. Trois à quatre repas quotidiens remplaceront donc les deux repas habituels. Vous les compléterez avec de la farine lactée, de la poudre d'os, du calcium et du phosphore.

Vous ferez attention à ce que l'eau de l'écuelle soit changée souvent et soit toujours propre. Cette eau ne devra jamais être trop froide ni trop chaude; la chienne appréciera l'eau propre et tiède.

Vous pouvez provoquer des difficultés lors de la mise bas si vous lui donnez une alimentation trop grasse et trop copieuse. Ajoutez au régime de votre chienne des substances pour fortifier les os des chiots et pour raffermir les siens. Si votre Boxer montre un manque d'appétit persistant, adressez-vous sans tarder à votre vétérinaire, il vous indiquera quoi faire.

Vous remarquerez, au fur et à mesure de sa grossesse, que votre chienne ne voudra plus être dérangée par des inconnus ou d'autres chiens.

Une quinzaine de jours avant la fin de la gestation, vous devrez trouver un endroit où elle mettra bas. Préparez-lui sa couche. N'attendez pas trop; habituez la chienne à sa nouvelle demeure. Elle n'en cherchera pas une autre, si vous vous y prenez à temps. Habituez-la à y prendre ses repas; qu'elle s'y repose le jour et la nuit. Veillez à ce que cet endroit soit tranquille, pas trop clair. La couche doit être légèrement surélevée afin de faciliter l'écoulement des liquides. Un simple panier à chien fera fort bien l'affaire.

Emmenez votre chienne plusieurs fois chez le vétérinaire de manière à faire vérifier son poids, son état de santé et ses besoins en vitamines et en calcium.

La naissance

Tout à la fin de la grossesse, les mamelles gonflées de votre chienne sécréteront un liquide semblable à du lait, le *colostrum*. Elle deviendra inquiète et préférera rester seule. La tranquillité et le silence lui seront nécessaires et bénéfiques. Les visites d'amis devront être évitées, et la "future maman" ne devra pas s'apercevoir de votre surveillance. Ne vous approchez pas trop d'elle.

Surveillez le déroulement de l'opération et, en cas de complications, n'hésitez pas à appeler immédiatement votre vétérinaire. Lui seul a les compétences pour y apporter les solutions appropriées.

La première mise bas est, en général, plus délicate que les suivantes. Il arrive parfois, et surtout la première fois, que votre chienne oublie ou néglige de couper le cordon ombilical avec ses dents. Vous devrez alors intervenir en le coupant avec des ciseaux, le plus près possible du ventre, après l'avoir lié avec un fil de soie pour éviter que le chiot ne soit victime d'une hémorragie.

Comme vous l'avez constaté, votre présence est nécessaire pendant la mise bas de la chienne, même si vous laissez faire la nature. Ne l'énervez surtout pas et ne la dérangez uniquement qu'en cas de besoin réel.

Lorsqu'elle aura mis bas, laissez votre chienne se reposer et faire la toilette complète des chiots. En hiver, pensez à chauffer "son coin" afin qu'il soit bien confortable pour elle et les nouveau-nés. Laissez-la se reposer une journée auprès de ses petits, puis faites-lui reprendre progressivement son rythme de vie antérieur. Commencez par lui faire faire une promenade afin qu'elle fasse travailler ses muscles.

Les chiots

Lors de la première mise bas, la portée est de quatre à six chiots. Ces petits chiens naissent aveugles, les yeux fermés. Vous devrez attendre une dizaine de jours avant qu'ils ne lèvent les paupières.

Vous devrez malheureusement sacrifier certains des chiots. À la première mise bas, la mère ne pourra s'occuper que de trois chiots. Éloignez définitivement de la mère les chiots les moins bien formés et ceux qui vous apparaissent apathiques. Ce sacrifice, bien que très difficile, est absolument nécessaire pour la santé de la mère et pour la qualité de la portée. Les grossesses suivantes vous permettront peut-être de garder toute la portée qui pourra être de sept ou même de huit chiots. Mais encore, ne gardez pas les chiots manifestement mal formés: éliminez-les immédiatement.

Pratiquer l'euthanasie vous sera problablement pénible: demandez plutôt à votre vétérinaire de s'en occuper. La meilleure façon demeure l'injection d'un anesthésique très puissant; ainsi l'intervention sera rapide et sans souffrance. Ne choisissez pas la noyade, il s'agit là d'une méthode cruelle et sauvage.

Vous devrez retirer les chiots sacrifiés pendant que la mère fera sa promenade.

La chienne s'occupera elle-même de ses petits, mais soyez toujours aux aguets pour être prêt à intervenir pour l'aider, surtout s'il s'agit de sa première portée.

L'allaitement

Les chiots trouveront d'instinct les mamelles sous le ventre; elles sont très saillantes. Seul le lait de la mère convient aux besoins nutritifs des bébés chiens. Le colostrum purgera le chiot et sera le moyen pour la chienne de transmettre aux chiots ses anticorps naturels et ainsi de les protéger contre les maladies des "premiers jours".

Ce colostrum est indispensable au chiot: les statistiques démontrent qu'environ 85 pour 100 des nouveau-nés qui n'ont pas, pour une raison quelconque, reçu de colostrum meurent rapidement.

Il se pourrait que la chienne soit intolérante avec ses petits, ce qui pourrait gêner leur croissance. Dans ce cas, consultez votre vétérinaire qui prescrira de légers calmants, cette intolérance étant due à une hypernervosité. Si l'intolérance se transforme en aversion déclarée, vous devrez alimenter le chiot artificiellement. Ce n'est que dans ce cas, ou dans celui, bien sûr, d'une mauvaise lactation, que vous pouvez alimenter le chiot. Ce n'est pas facile et rien ne dit que vous y parviendrez. Vous devrez préparer un lait proche du lait maternel, sinon le bébé, désorienté, le refusera. Le poids du petit double normalement en moins de dix jours, preuve de la richesse du lait maternel. Faites-vous conseiller par votre vétérinaire. Il vous indiquera peut-être une préparation que vous trouverez toute faite sur le marché ou qu'il composera lui-même. Quoi qu'il décide, suivez ses directives.

Le sevrage

La période de sevrage se déroule progressivement. Elle correspond à peu près à la fin de l'allaitement qui devient de plus en plus douloureux parce que les bébés commencent à avoir leurs dents de lait. La mère devient impatiente quand les petits viennent se nourrir. Elle commence à les éduquer elle-même en leur présentant sa propre nourriture que les chiots essayent de laper.

Cette période est psychiquement dure pour les chiots: ils commencent le dur apprentissage de la séparation de la mère. Ce passage à la vie adulte devra se faire dans les meilleures conditions possibles. Le sevrage complet se fait à l'âge de deux mois et demi à trois mois.

Commencez par leur donner de la viande hachée afin qu'ils s'habituent à manger de la viande. Ne leur donnez pas de lait de vache surtout. Les petits Boxers ont tendance à se gaver; ne les laissez pas faire. La digestion à cet âge est encore délicate: vous leur éviterez ainsi des ennuis gastriques.

N'oubliez pas de les garder bien au chaud. Il ne faudrait surtout pas qu'ils prennent froid; évitez de les placer ou de les laisser dans les courants d'air.

Le pense-bête

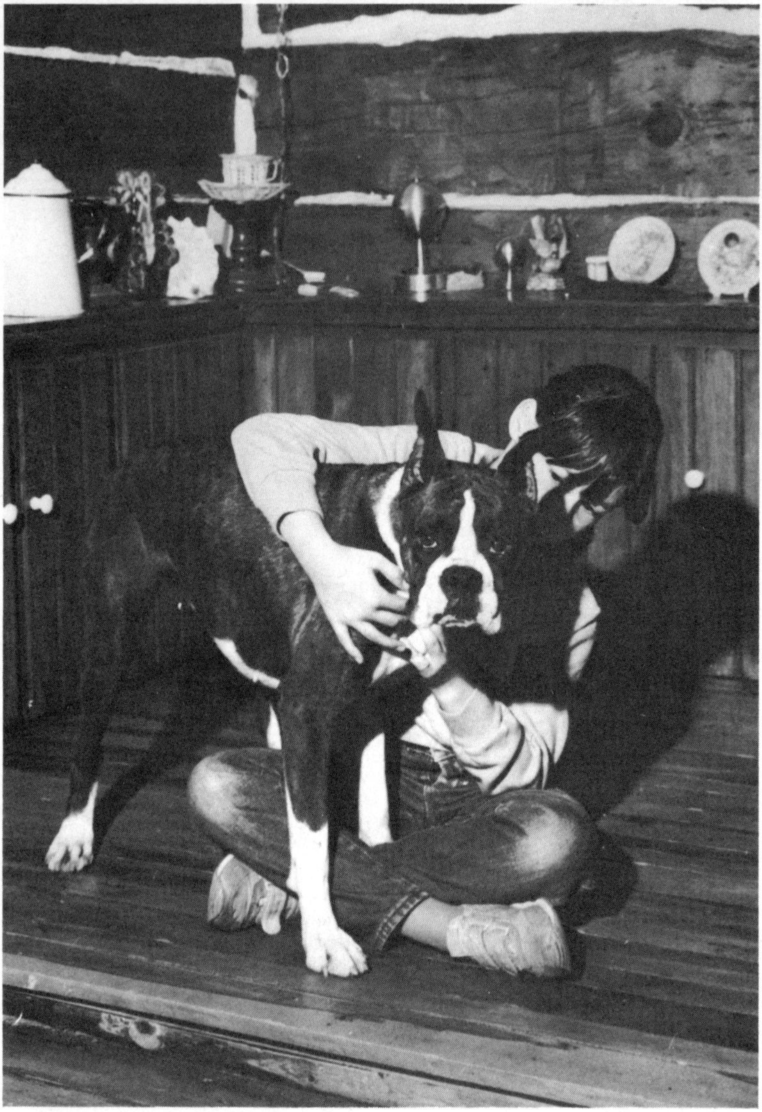

Le Boxer est un animal plutôt doux et sensible qui aime beaucoup les enfants.

Le carnet de santé

Il est indispensable de tenir à jour le carnet de santé de votre Boxer. Ce carnet vous est généralement délivré par votre vétérinaire.

Que devez-vous y inscrire? Les dates importantes de la vie de votre Boxer:

- la date de naissance de votre Boxer et celle de ses parents;
- la date des vaccinations;
- la date des rappels;
- la date des maladies (ainsi que le nom des médicaments qu'il a reçus);
- la date du dressage;
- la date des saillies, des mises bas, de l'allaitement.

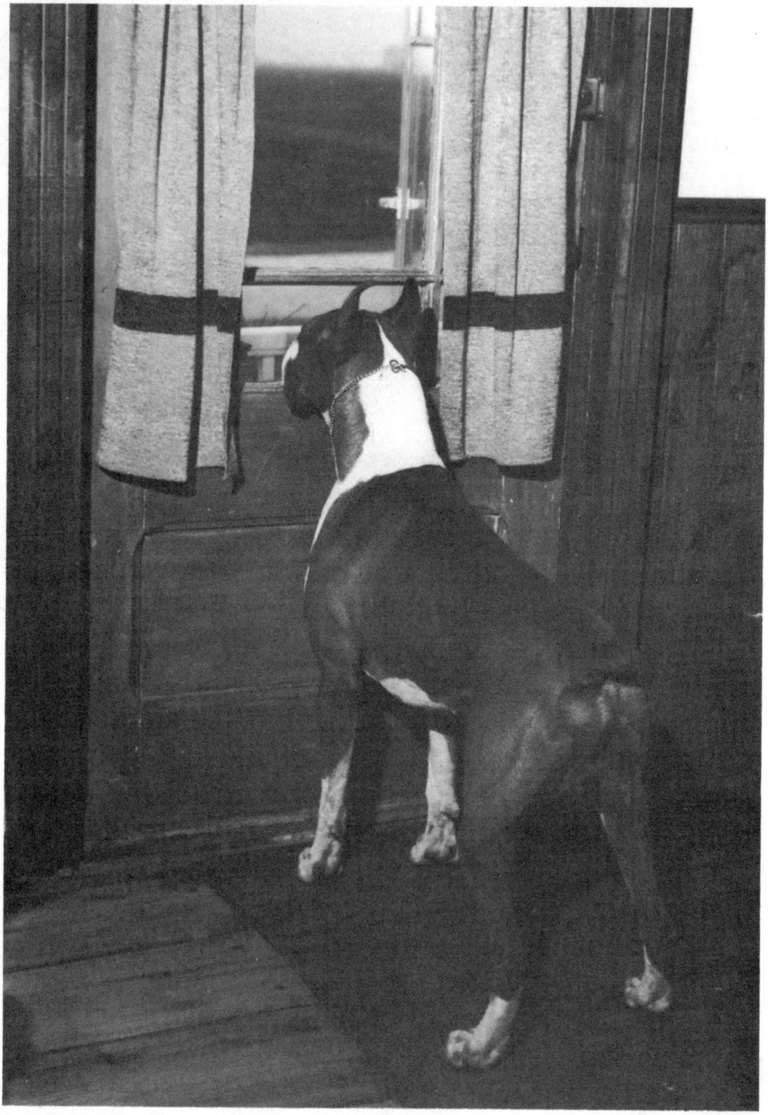

Le Boxer est un chien affectueux qui est très attaché à son maître et qui attend toujours son retour avec impatience...

La boîte de médicaments

Il est très important d'avoir toujours sous la main une boîte de médicaments que vous garderez bien fermée. N'oubliez pas de l'emporter avec vous lorsque votre chien vous accompagne en voyage.

Cette boîte de médicaments devrait contenir:

- un thermomètre anal et un lubrifiant;
- du sparadrap et de la gaze pour les bandages;
- un médicament contre les brûlures qui vous aura été prescrits par votre vétérinaire;
- de l'acide borique ou du collyre pour les bains oculaires;
- du kaopectate contre la diarrhée;
- des sels d'ammoniacs pour le traitement des chocs;
- de la poudre de moutarde ou du sel de table comme émétique;
- du charbon de bois actif comme contrepoison (mais, le cas échéant, appelez aussitôt que possible votre vétérinaire);

- un laxatif assez léger comme le lait de magnésie.

Le voyage

Vous planifiez un voyage et vous voilà en discussion avec vos proches concernant les difficultés liées à la présence de votre Boxer. Vous vous trouvez devant plusieurs possibilités: le premier choix serait de le laisser sur place et vous auriez alors à décider entre le laisser à la maison, chez des amis ou le mettre en pension; le deuxième choix serait de l'emmener avec vous et vous auriez à décider du moyen de transport: en voiture, en autobus, en bateau ou en avion.

Quelle que soit votre décision, sachez qu'il est préférable de le laisser à la maison sous la garde d'amis: nous vous rappelons qu'il vaut mieux que ce soit des gens qu'il connaît parfaitement. Si vous décidez de le mettre en pension, il vaut mieux que ce ne soit que pour un temps limité.

Vous le laissez à la maison

La personne qui viendra s'occuper de votre Boxer devra être quelqu'un que votre compagnon connaît bien. Il devra, évidemment, dormir chez vous. Mais il ne faudra pas s'étonner que votre chien, se croyant abandonné par son maître, montre sa mauvaise humeur en se soulageant un peu partout dans la maison au lieu de faire ses besoins là où il en a l'habitude. Vous devez prendre cette décision en tenant compte du caractère de l'animal et de ses relations avec la personne qui viendra s'en occuper.

Vous le laissez chez des amis

Dans ce cas également, il faudra que l'animal connaisse bien les personnes qui vont l'héberger. Vous devrez apporter dans sa demeure provisoire des objets qui ont gardé vos odeurs, qui lui sont familières, ainsi que ses jouets préférés. Il serait bon de l'emmener "en visite" plusieurs fois avant de l'y laisser. Quoi qu'il en soit, que vous le laissiez à la maison ou que vous le laissiez chez des amis, il est recommandé que ce ne soit pas pour une période trop longue: votre Boxer vous en voudrait. Prévenez vos amis que le chien pourrait faire ses besoins un peu partout, car il n'aime pas être éloigné de son maître.

Vous le mettez en pension

Visitez plusieurs pensions avant de vous décider. Assurez-vous que les animaux n'y soient pas trop nombreux. Visitez les locaux afin de vous assurer qu'ils soient propres. Observez le travail du personnel. Contrôlez la qualité de la nourriture. Il y a également le prix à considérer, mais vous devez tenir compte du fait que ce ne sont pas toujours les pensions les plus chères qui sont les meilleures. Renseignez-vous auprès de la direction pour savoir si les visites d'un vétérinaire sont prévues. Demandez à des amis qui ont aussi des chiens quelles ont été leurs bonnes et mauvaises expériences.

Avant de vous décider, consultez en dernier ressort, votre vétérinaire attitré; d'ailleurs, s'il habite hors de la ville, il pourrait peut-être vous proposer d'héberger votre Boxer. Vous aurez à présenter le carnet de vaccination qui devra être à jour et cela dans quelque pension que ce soit. Pour votre tranquillité, faite passer un examen général à votre animal chez votre vétérinaire avant de le laisser en pension. Assurez-le et, s'il ne l'est pas déjà, faites-le tatouer: il devra toujours être identifié s'il s'échappe ou s'il se perd.

Vous l'emmenez avec vous

C'est décidé, il vous accompagne. Vous voyagerez en voiture, en train, en autobus, en bateau ou en avion.

En voiture

Votre Boxer devra voyager à l'arrière de la voiture et être isolé par un filet ou un grillage.

Ne l'enfermez pas dans le coffre de la voiture, il en souffrirait. Si vous emmenez un chiot, il se pourrait qu'il soit sujet à des vomissements. Ne le laissez pas voyager le ventre plein; faites en sorte qu'il ait bien digéré au moment du départ. Il est aussi préférable de ne pas lui donner à boire avant le départ.

En train

Votre Boxer n'a pas le droit de vous accompagner dans votre compartiment. Il devra voyager dans la voiture à bagages. Vous devrez le mettre dans une cage ou, du moins, lui mettre une muselière et une laisse. Vous aurez un coupon spécial qui vous permettra, à tout moment, de lui rendre visite et de le nourrir. La compagnie de chemin de fer met à la disposition des animaux le nécessaire afin qu'ils puissent faire leurs besoins.

En autobus

Quand vous partirez en autobus, renseignez-vous bien si la compagnie de transport que vous avez choisie accepte les gros chiens et dans quelles conditions. Insistez, pour ne pas avoir de mauvaises surprises lors du départ, sur le poids et la taille de votre compagnon.

En bateau

Même chose que pour l'autobus. Ayez toujours sur vous un certificat de bonne santé de votre animal. Il est préférable que ce certificat soit récent.

En avion

Pratiquement toutes les compagnies aériennes acceptent de transporter les animaux domestiques. Prenez-vous-y à temps, les places sont limitées. Les chiots peuvent parfois voyager en cabine avec leur maître, mais cela n'est pas une règle générale: renseignez-vous avant de partir. Généralement, le Boxer doit voyager dans la soute de l'avion. Ne vous inquiétez pas, la soute est climatisée et pressurisée. Demandez à votre vétérinaire un cachet que vous administrerez au chien avant le voyage afin qu'il reste calme et somnolent. Certains vétérinaires préfèrent donner une piqûre dont l'effet dure plus longtemps. Il est conseillé de libérer rapidement votre animal de la consigne à l'arrivée; son voyage n'aura pas été aussi confortable que le vôtre...

Les déplacements en ville

Dans le métro, à Montréal, vous n'êtes pas autorisé à voyager avec votre Boxer; seuls les aveugles en ont le droit. En autobus, les règlements sont plus souples: il est permis de voyager avec un chiot que vous devez tenir sur vos genoux; mais seuls les aveugles ont la permission d'être accompagnés d'un chien adulte dans l'autobus.

Il n'existe pas de règlement spécifique à Montréal concernant la prise en charge des Boxers dans les taxis. La plupart des chauffeurs les acceptent... sauf ceux qui en ont peur!

À l'étranger

Les lois concernant le passage des frontières pour les animaux dépendent de la législation de chaque pays. Soyez en règle, sinon on pourrait vous en refuser l'accès.

Avant de partir, renseignez-vous auprès du consulat du pays où vous désirez vous rendre ou munissez-vous des brochures disponibles dans les agences de voyage. Plusieurs pays, et plus particulièrement ceux appartenant au Commonwealth britannique, vous obligeront à mettre votre Boxer, dès l'arrivée, en quarantaine; d'autres pays vous demanderont de présenter un certificat de vaccination antirabique ou de bonne santé, ou les deux.

Quelques exemples: les *États-Unis* ne vous demandent qu'un certificat de vaccination antirabique délivré plus de trente jours et moins d'un an avant votre passage de la frontière; ils peuvent également imposer une visite sanitaire au port d'arrivée. Pour la *Grande-Bretagne*, les instructions sont sévères: le Boxer doit être accompagné d'un certificat de vaccination antirabique et d'un certificat de bonne santé et il sera mis en quarantaine pendant six mois. Il en est de même pour l'*Afrique du Sud*, *Gibraltar* et *Hong Kong*. L'*Australie* refuse toute entrée d'un animal domestique. Pour la *France*, vous aurez besoin des deux certificats, mais votre chien ne sera pas mis en quarantaine. En *Belgique*, seul le certificat de vaccination antirabique est exigé. En *Italie*, les deux certificats sont demandés comme d'ailleurs en *Israël*, en *Argentine*, au *Brésil*, au *Danemark*, en *Égypte*, en *Espagne*, en *Grèce*, en *Hongrie* et en *Tunisie*. En *Allemagne fédérale*, on ne demande que le certificat de bonne santé.

Votre Boxer voyage seul

Vous avez seulement à présenter votre chien un bon moment avant le départ et surtout à être certain que la personne devant l'accueillir soit présente à l'arrivée. À toutes fins utiles, donnez l'adresse et le numéro de téléphone de cette personne au transporteur.

À PARAÎTRE:

Vous et votre Doberman
Vous et votre Collie
Vous et votre Yorkshire

DÉJÀ PARUS:

Vous et vos oiseaux de compagnie
Vous et vos poissons d'aquarium
Vous et votre Berger allemand
Vous et votre Caniche
Vous et votre chat de gouttière
Vous et votre Chow-Chow
Vous et votre Husky
Vous et votre Labrador
Vous et votre Persan
Vous et votre Setter anglais
Vous et votre Siamois

Table des matières

ENVIRONMENTAL CHOICE · CHOIX ENVIRONNEMENTAL ·

Ce livre est imprimé sur
du papier contenant plus
de 50% de papier recyclé
dont 5% de fibres recyclées.

Achevé d'imprimer au Canada
Imprimerie Gagné Ltée Louiseville